生ける死者の震災霊性論

災害の不条理のただなかで

金菱 清

新曜社

生ける死者の震災霊性論　目次

まえがき　1

序　**夜光虫と星空**　7

第Ⅰ部　当事者が書く震災　15

第1章　**震災の不条理**――おかしくもないのに止まらない笑い……17

1　母娘の記録筆記法（1）
2　災害の不条理とは
3　震災後に一変した世界

第2章　罪深い私《サバイバーズ・ギルト》——保母兼家政婦に落ちた自分……40
1　母娘の記録筆記法（2）
2　ひとりになって「孤独」を埋める母：由美さん
3　父を亡くした経験を書く娘：果歩さんの変化
4　保母兼家政婦に落ちた自分：由美さんの変化
5　痛み温存法——生ける死者との回路をつなぐ
第3章　亡き人の魂とのつながり
——震災遺族・行方不明者家族へのアンケート調査……62
1　河北新報の震災10年アンケート調査
2　心は落ち着いたか
3　大切な人が生きていた証し
第4章　大震災の正体とは——当事者が書いた『3・11慟哭の記録』……71
1　災害の忘却から記録の保存へ

2　被災した当事者が書く――手記の重要性
3　心象世界を大切にする

第5章　**想像の死者に向けた手紙――ライティング・ヒストリーの展開**　……82
1　語れない、語りえない言葉
2　インタビューの敗北宣言
3　聴き取りはどこまで生活史を追えるのか
4　強い当事者性の氷解
5　ライティング・ヒストリーの展開

第Ⅱ部　霊性論　107

第6章　**幽霊――〝さよなら〟のない別れ**　……109
1　タクシードライバーの幽霊との邂逅
2　震災が拓いた宗教的古層
3　幽霊を受け容れる人びとの心性

第7章　夢——かけがえのない邂逅のひととき……128
夢と現実が交錯する／視覚的に見えない≠存在しない／近代的時間が奪ってきたもの／生ける死者からの贈り物

第8章　霊性——あの日、その時を超えて……138
災害と生ける死者／能におけるあわいの世界／反実仮想のない世界／時間をかけて熟成される霊性

第Ⅲ部　共感と倫理　145

第9章　最後に握りしめた一枚を破るとき
——疑似喪失体験と震災のアクティブ・エスノグラフィ……147
1　震災を「自分事」にするために
2　疑似喪失体験——12枚の大切なものとのお別れ
3　最後の一枚を破る
4　人は死んだらどうなるのか

第10章　震災表現と倫理――「美しい顔」「荒地の家族」をめぐって……167
「美しい顔」問題／「荒地の家族」共感しえない傷／当事者とは誰か

あとがき　183
参考文献　189
初出一覧　196

装幀　大橋一毅（DK）

＊断りのない写真は著者の撮影・提供による

まえがき

大震災の本質とは何か。本書は、東日本大震災の被害を数量化する科学的手法は脇に置いて、被災者の手記、手紙、被災地で聴き取った幽霊や夢の話を通して、生者と死者の新たな関係性を霊性として立ち上げることを主題としている。それは、愛する者の死を受け止めて、喪失の悲しみに耐えながら出会う様々な不条理あるいはつきることのない罪悪感、苦しみ続ける人間の実存と重なるものである。大震災発生から時を過ぎれば、ムードに流されて人びとの記憶や関心が減退していくのに反して、私たちは、時間を経過するにしたがってより重たく深まる問いを立ち上げることになる。

ある震災遺族は、東日本大震災の発生から10年を過ぎた頃から「震災から10年」という区切りの形で報道がなされることに、強い怒りを表明していた。なぜだろう。

それは、震災がすでに10年前に終わっていて、残余として災後があるという、初めから震災を風化させる強い意図があるという違和感である。とりわけ大切な人が亡くなった遺族、あるいは行方不明者の家族にとっては、いまだ震災のただなかにあり揺れ続けているのに、震災は終わったかのように扱われる。震災は過去の出来事ではない。

現在進行形で震災の痕跡を踏まえるならば、私たちは災害の「真っただなか」にいる。どこかで大地震が起こると、そこで被災した方々だけでなく、そのニュースを目にして記憶が甦り、身体が揺さぶられて苦しむ方々が多数おられる。社会の表面上はいったん消えたとしても、災害が起こるたびにトラウマとなって、個人の内面に襲いかかる問題を、私たちは抱えている。

2024年元日に起こった大地震では、能登の実家に里帰りしていた方々が犠牲になった。その「里帰り」の言葉が引き金となって、里帰り時に阪神・淡路大震災に遭った方が、フラッシュバックに苦しんだり、緊急地震速報の音には耐えられたが、その後の大津波警報で東日本大震災時の津波が呼び起こされて、吐き気をもよおすほど動揺した方もいる。

災害列島にありながら、非当事者として真綿のような被膜に覆われた「災害」を外側から眺めているだけでは、災害に対する感性の「浅さ」となって自らに撥ね返る。災害を文化の中に溶け込ませて慣らされてきた反面、死に対して鈍感になり、震災が生じるたびに、ゼロから対処せざるをえない。

災害の当事者たちは、肉親の死に直面し、あるいは職業として、死者を避けて通ることはできない。口が開き、裂傷を負い、顔に砂や泥がこびりついたご遺体との対面、何度も遺体安置所をめぐり、ご遺体を捜し歩く日々、たとえ運よくがれきの中でご遺体が見つかっても、収容のあてもなく放置されたり、ドライアイスが不足し、警察から自宅の風通しのよい所に遺体を置くように言われたり、火葬が間に合わず仮土葬を強いられた人びとがいたのである。

本書で論じる生ける死者、そして霊性とは、精神医学や心理学による心のケアでも、宗教性に立ち入るからといって、宗教的な慰霊だとか個別宗教の説く霊性の話でもない。また、民俗的な芸能や文化を通してみる鎮魂や儀礼そのものでもない。さらに社会学のいうまとまりのあるコミュニティの集合的意識でもない。これらの中間領域ないしエアポケットとでもいうべき境界で、一般にはタブー視されている「死者」への向き合い方を、私たちは「呼び覚まされる霊性」と名づけてきた。

批評家の若松英輔は『日本的霊性』を書いた鈴木大拙の霊性論を、形而上学的超越とつながる、いのちの根源的な働きであるとまとめている。私たちが震災の現場で発見したのは、そのような霊性が長い時間をかけて呼び覚まされる、「生ける死者」の世界であった。

1995年1月17日阪神・淡路大震災の発生時、私は兵庫にごく近い大阪府の自宅にいて、激しい揺れを体感した。そのとき災害現場を上から空撮する報道ヘリの騒音で、救助を求める被災者の声がかき消される事態も起こった。マスメディアの暴力性や権力性に違和感を持ち、被災者の小さな声がきちんと記録されるべきだと、その時から思っていた。

そして2011年3月11日、当時暮らしていた仙台で大地震に遭遇した。この時、この惨事を私なりにひとつのまとまりをもった書物として、記録に残そうと決意した。しかし、まだ生ける死者や霊性は、私の頭の片隅にもなかったのである。

当時教鞭を執っていた東北学院大学のゼミナールの学生たちと「震災の記録プロジェクト」を立ち

上げ、最初に編んだ71人の手記『3・11慟哭の記録』は震災発生翌年の2012年2月に出版された。その後は、被災者に手紙のかたちで自ら体験を書いてもらうプロジェクトを続け、2021年までに三部作『悲愛』『永訣』としてまとめた。その間、私のゼミ生たちは毎年、被災地でのインタビュー調査を卒業論文にまとめ、「東北学院大学　震災の記録プロジェクト」として出版を続けた。

本書第Ⅰ部では、質的調査を通して被災の実相、とりわけ家族や親しい人を突然奪われた人びとの心象世界に分け入っていく。以下、章の順序とは異なるが実際の時系列順に沿って説明すると、一連の震災関連の書籍のなかで、私たちの編んだ『3・11慟哭の記録』は、「被災者が直後に記録した特別な価値」(色川大吉氏)、「傑出している」(東京新聞加古陽治氏)と評価されると同時に、手記を寄稿した本人たちから思いがけない反響を得た(4章)。その後、夫/父を亡くした母娘の手記に衝撃を受け、インタビュー調査の敗北を知り(1章)、震災の不条理のなかで自らを罪深いと苦しむ母娘が手記や手紙を書き大切な人の喪失に向き合う営みを、記録筆記法、痛み温存法と名づけた(2章)。さらにオーラル・ヒストリーの限界を超えて、被災者(サバイバー)の心象世界に迫るライティング・ヒストリーの展開に至ったことを跡づける(5章)。そして震災発生から10年がたち、河北新報のアンケート調査に協力して、大量調査では測れない震災遺族と行方不明者家族の痛切な声を収集し、分析した。その結果から、時間を超えて持続する、亡き人の魂とのつながりを読み取る(3章)。

第Ⅱ部では、私とゼミ生たちの「震災の記録プロジェクト」が発見した霊性という主題を深める。

タクシードライバーのみた幽霊現象（6章）、亡き人が会いに来てくれた夢の意味（7章）から、生者と死者のつながり、被災地の死生観、生ける死者（彷徨える魂）とは何かを論じる（8章）。

第Ⅲ部では、語り部の方を招いて行う授業「疑似喪失体験プログラム」を通して、単なる記録や記述にとどまらない、アクティブ・エスノグラフィがめざす共感力の涵養（9章）、そして震災の表現をめぐる騒動を通して、当事者／非当事者の溝を埋める倫理的つながり（10章）を考える。

序　夜光虫と星空

震災の夜に

ズシッ。キラッキラ。ズシッ。キラッキラ。暗闇で足を踏みしめるたびに何かが神々しく輝く。ふだんは都市の光源で見えない満天の星空の下、瓦礫で道が塞がり、大海嘯《かいしょう》と呼ばれる津波の海水で満たされた泥水をかき分けていくと、海底の泥が巻き上げられそこに運ばれた夜光虫が、接触するたびに煌びやかに碧い光を放ち、その歩みを進めた後に道ができる。絶望の淵にある大震災の際で、自然の造形美が姿を表していた。

映像に収められていないためか、ほとんどの人はこのことを知らない。私がこの話を聞いたのは、岩手県宮古で、知り合いに教えてもらったものである。私はその情景を実際に見ていないが、囲炉裏端の炎が話し手の瞳に映り眼を輝かせていたのが、十数年経ても深く印象に刻み込まれている。大津波で勤めていた会社が破壊され失職して人生を潰されたその人にとって、その光景の美しさは大災害という地獄と釣り合うものであったに違いない。そうしなければ緊張の糸が切れてしまうために、身体の奥底で納得させているようにも見えた。

東日本大震災の際、私が住んでいた仙台の都心部でも大停電が起こり、街中から一切の明かりが消え、ふだんは都会の灯りに打ち消されて見えない星空が満天の輝きで地上を照らし出していた。それは、終戦の日、焼け野原の大地に真っ青な晴天が顔を覗かせたことを彷彿とさせるものであった。

地上の大混乱とは裏腹に都会の頭上に輝く星空は、人びとにどのような哲学的な意味をもたらしたのだろうか。仙台市天文台には震災の夜の星空の問い合わせが数多く寄せられたという。そのことに応えた映像『星よりも、遠くへ』には、次のようなシーンが収められている。


「電気の消えた街にテレビやラジオなどの喧騒はなく、雪が降った後の冷たい空気がしーんと静まり返って、車のエンジン音とヘッドライトが時折静けさを破った。そして上空には星空がきれいだった。

あの日すごい揺れの後、すぐに大津波警報が出ました。なぜかあなたとあんのことが気がかりでした。いろいろなところを探し、やっとあなたとあん（のご遺体）が見つかりました。哀しくて、つらくて、涙ばかりの日を送っていました。4月のある日、新聞の投稿欄を読んで涙があふれてきました。3月11日の夜の空は星がきらきら綺麗に輝いていたそうです。あの星空は亡き人たちが道に迷わず天国へ行けるように導く灯りだったのでは、と書いてありました。はるな。あなたもあんも星空を見ましたか？　道標になりましたか？　迷わなかったかな？　2人ばらばらでなかったよね。逢いたいよ。もう一度声が聴きたいよ。一度でいいから夢に出てきてほしい。はるな、30年間私たちの娘でいてくれてありがとう。あん、5年間私たちの孫でいてくれてありがとう。次の世もまた、私たちのところに生まれてきてください」『星よりも、遠くへ』（仙台市天文台制作、２０１９年より）

大停電で真っ暗な街に、ふだんは見えない星々が悠然と輝いていた。人間の暮らしや営みを覆い隠し、まるでその日の惨状がなかったかのように、自然の崇高さを人びとに感じさせた。一方、人間の暮らしといえば、大地震の揺れの後、大津波や火災、吹雪や大停電そして余震、原発への言い知れぬ恐怖で、自然の猛威にただただ従うよりなかったのである。

私たちは、文明を謳歌して、闇夜を灯りで満たし、自然を打ち消して暮らしをたてていた。だが、自然の運行自体は変わらずそこに確実に存在し、私たち人間がそれを見えないようにしていたことに気づかされたのである。その自然の摂理が、大震災によって眼前に露わとなったのである。この大震災は、ふだんは見えないものを、可視化させたのである。大地動乱の果てに姿を覗かせた星空に〝亡き人〟を重ね合わせた人が少なからずいた。

私が最初に印象づけられ、『３・11慟哭の記録』冒頭に選んだのも、この星空であった。

「震災当日の夜は、三十畳ほどのセンター中は、あふれるほどのひなん民だった。肩を寄せ合い、ひざをつき合わせ、寒さにふるえ、二台のストーブにかじりついて夜を明かした。

その人達も一ヵ月を過ぎる頃は、五人去り十人去って、十世帯二十人位に落ち着いて来た。

桜のつぼみがやっとふくらみ始めた夜、外へ出て、ふと夜空を見上げた私は、星の美しさに息をのんだ。物音ひとつしない灯りひとつもついていない団地の空は、星がきらめいているだけだった。

あのピカピカとかわいい星は、あずさちゃん
あそこの、青く輝く星は、由美さん
あの大きな強く光っている星は、本間のじいちゃん
そして、あの静かにまたたいている星は、幸代さん
みんな、みんな星になって　しまった。
星になったみんな
そこから、志津川の町が見えますか
ガレキだらけの　町になったけれど
命をもらった私達は　心をひとつにして生きてますよ。
星になったみんな
南三陸町星雲になって
いつまでも　この町の上に輝いていてね。

（佐々木米子「大津波　ババのへそくり　泥の中」『3・11慟哭の記録』金菱編 2012: 4-5）

星空に死者と生者の関係が織り込まれていた。死者と生者の相互の交わりは、生者が主体となって生きている社会のあり方を、根底から問い直したのである。すなわち、ふだんは、見えない煌めく星のさらにその深奥に、自分たち生きるものの道標を見出したのである。私たちはこの東日本大震災を単なる一時点の出来事としてとらえるのではなく、具体的な人の経験を通して、より深い死者からの呼びかけに応えるように求められているのである。

関東大震災　被害の〝非人格化〟

一方で、災害には、死者と生者との交わりを見えなくする幾重もの仕掛けがある。ちょうど一世紀前の1923年の関東大震災後に雑誌『アサヒグラフ』特別号「大震災全記」の表紙を飾った写真は、炎上する街を上空からとらえた航空写真を掲載している。関東大震災後、科学技術と復興政策が生活の論理に先立って結びついたことを読み解いたのは、ジェニファー・ワイゼンフェルド『関東大震災の想像力』である（ワイゼンフェルド 2014）。被災地を撮影した航空写真は、地上の人びとを極小化し、災害のスケールと規模を強調し、個々の生命の損失よりも、文明や都市の破壊について多くを誇大に語る。航空技術によって新たに獲得された鳥瞰図は災害イメージを代表するようになり、災害のたびにニュース映像や記事となって大量に消費される。地上では復興の掛け声が響く陰で、大切な人

関東大震災を伝えるアサヒグラフ特別号「大震災全記」（東京朝日新聞社グラフ局 大正 12（1923）年）

や動物、住まいや仕事場を失い、時が止まったままの人びとは沈黙し、生き残った者（サバイバー）と死者との関係性は、置き去りにされていく。

この鳥瞰図（鳥の目）は、見る者と被害とのつながりの〝非人格化〟を進めるが、当時提起されていたのが「帝都復興の儀」に対する「人間の復興」である。厚生経済学者であった福田徳三が復興事業の第一にあげたのは「人間の復興」で、生存の機会を復興しなければならないとした（山中 2015:366-367）。ここでの生存とは、今でいう生死よりも「生活をする権利」というニュアンスに近い。

百年以上前の事象は、阪神・淡路大震災や東日本大震災、それに続く震災へとつながる、災害への視覚（視角）的系譜である。真上から見下ろす眼差しによって政策が立案されるが、それに無数の争点が潜んでいることを、たやすく覆い隠してしまう危険がある。復興政策の様々な議論は、いつのまにか生活する者の目線を通らないまま、もっともらしい科学的因果関係のもとに、生きるか／死ぬかという生存の議論にすり替わっている。この点は幾重にもわたって注意が必要である。

近年の震災での多くの復興に関する議論でも、死者との関係性、生存と生活の視点のずれが見過ごされている。生存の議論が科学的に唯一正しい解であるかのように装われているが、震災に直面する私たちの想像力と構想力が問われている（金菱 2016a: 25-29）。

自然は破壊を行う権利を、人間はバラックを建てる権利を持つ

関東大震災では、「天譴《てんけん》」という考え方が広く浸透していたという。意訳すれば天罰にあたる。破壊的規模で比べれば、リスボン地震の方が関東のそれよりはるかに小さいが、全ヨーロッパにおいて、地震の規模の大きさ以上に、思想的な意味での影響力が大きかった。

社会学者の清水幾太郎はその観点から、「リスボンの一万及至一万五千の死者には思想史上の意味が加えられるのに反して、関東地方の十五万の死者は空しく死んでいる」（清水 1993: 196）という憤りを吐露した。つまり、関東大震災は、物理的な大きさや、破壊と死者の数を誇るのみであって、思想的な深さや大きさは皆無であり、ムード的な段階として震災が相対化されたと喝破している。その際、清水の中で浮かび上がってきたキーワードが、「天譴《てんけん》」である。

明治維新以来、日本が順風満帆の快進撃を続けており、「国民的成金」根性による頽廃に対して警告を与える意味で、思想的反応として天譴を歓迎する考えがあったことを意味している。しかし清水は、天譴の致命的欠陥を指摘する。災害は頽廃した人間を限定して選ぶのではなく、まったく無差別に一切の人間に降りかかる非選択性にあった。なぜ罪のない多くの民衆は無為の死を遂げたのか。

清水はそれを、「差別と腐敗との現状に対置された平等と正義とは、破滅における、焦土における、即ち、人力の徹底的敗北における平等と正義」（同上: 199）であると説いた。誰しも選ぶことができ

ない天譴の前では、自然に従順になることによって、人間の改革が可能になったのである。

火災から36時間も経たないうちに、千戸以上の家屋が、大地から生えたように立ち並ぶ様子を、清水は取り上げている。そして、自然は巨大な破壊を行う権利を持ち、人間はバラックを建てる権利だけを持つ、として、焼け跡に投げ出された人間の、自然に密着した、生物としての要求を満たすための努力を、人間にふさわしいものととらえている（同上：210）。天災は循環すると諦めて、自ら循環の中に巻き込まれる姿勢である。

関東大震災発生から百年経って清水の論考を読み直してみると、天譴という自然の循環に従うことは、一過性のものではない。大地震の日、大停電によって都会の闇夜に現れた星空によって、そこに確かにあったものが、人間が作り上げた文明によって覆い隠されていたことが露呈したのである。そして、天災によって文明が破壊されたことで、生者と死者との有機的な交わりが、非日常の営みのなかに突如現出したのである。

第Ⅰ部　当事者が書く震災

第1章　震災の不条理——おかしくもないのに止まらない笑い

1　母娘の記録筆記法（1）

あふれ出る涙

この一〇年、本当に楽しいとか心から笑ったことないですね。毎年花火を楽しみにしていて、どこかで花火があがったとすると花火を追いかけていこうというくらい好きだったんですけども、もちろん子ども（孫）がいれば見ていますけども、花火嫌いになりましたね。きれいなんですけども、見ていると哀しい気持ちになる。すごく楽しかったことは、なにかしらの後悔とともにくるから。胸の中にすごく冷たい水がいつまでも溜まっているような感じで、いろんなおいしいもの食べても、どんなに楽しいことがあってもその時ハハハって笑うけども笑いながらすごく醒めている。（胸のなかの）冷たい水の存在がすごく際立つからです」（2022年9月11日インタビュー）

これまで幾度、震災の被災者遺族の涙に出会ったことだろうか。しかし本人が悲しいからでもなく、感情が揺さぶられているから泣いているのでもない。笑っていても、普通に話していても、止めどなくあふれ出てくるので、その人の意志とは無関係な涙である。

対面して聴いている私がいるためか、バツが悪そうに、なんで私、いま泣いているのかしらと涙を手で拭って、作り笑いを浮かべる。もちろん、なぜ泣いているのかと聞いたところで野暮な質問だろう。それはいまだ言葉で説明しえない。その涙は言葉で表現しがたいものである。

家族や周りの人に悟られないように、ある人は、浴室でシャワーを浴びながら、涙を一緒に洗い流す。またある人は亡くなった家族を安心させるために「心配しないで」と心の中でつぶやきながら、こぼれ落ちてしまわないように、何度も空を見上げて瞳いっぱいに涙をたたえている。その眼《まなこ》の奥深くに被災者は何を抱え込んでいるのだろうか。

おそらくこのことを明らかにするためには、当人の語りだけは足りないだろう。かといって調査者が独断的に解釈できるものでもない。大震災発生から10年ほどの調査のなかで、私は格闘し、試行錯誤しなければならなかった。当事者の語りから世界観を見出す重要性は承知しながら、方法論自体をその都度見直し、手紙や手記、インタビューなどを通じて複層的に世界の再提示に迫ることが求められた。ここでは、おもに震災の調査方法として私が編み出してきた「記録筆記法」（金菱 2014b）という手法を用いて、不条理な震災経験を理解したい。記録筆記法は、後で詳しく紹介するが、被災者が災害の経験の事実をもとに、絞り出すように言葉を書き綴っていく方法であるが、その筆記過程は単に記録を取るだけなく、本人も理解しえない被災経験の意味を言語化させる作業にもつながるものである。

震災はなんの予告もなく不意に襲いかかり、大切な家族や友人やペットなどの命を一瞬で奪い去る。それは不条理な世界である。そのため、本人が意識している日常生活と今立たされている自分の立ち位置の間に、あまりにも大きな溝ができる。理解が追いつかず、本人の気持ちは素振りのバットのように空を切る。いったん狂った歯車は、次々に連鎖してあっという間に当人を混乱に陥れて、生活を破綻させてしまう。災害の核心は不条理である。そうした「生活の狂い」を、私たちはどのように表現し尽くせるのか。それはいかに「語りえない」ものなのか。いずれにせよ私たちは、その「狂い」を少しでも理解するために、いわば不条理の際《きわ》に立つ必要がある。

ある女性は、震災後、誰彼となく男性との性交渉を重ねていた。彼女がある種の性依存症へと駆り立てられたのは、最愛の人が津波で亡くなったことがきっかけだった。それは何よりも「現実」というものを一時的にせよ忘れるためなのだが、同時に、特定の人を愛することが何よりも怖くなったからでもある。つまり、何の感情移入もしなければ、喪っても悲しまずに済む。最愛の人を喪ってしまうような恋に陥ることを、自己防衛的に避けることで、喪失を未然に回避しているのである。

私たちが立ち上げた「震災の記録プロジェクト」では、被災者遺族に亡き人へ綴った手紙を寄せていただき、書籍で公開する許可を得た。津波や原発事故によって喪われた大切な人や動物、故郷という、かつてそこに実在していた「想像の死者」に向けられた手紙である。

この手紙には、長いインタビューでも聴き取ることが難しい真実が垣間見えることがある。たとえば、夫（パパ）を津波で亡くした女性による次のような手紙を、一部抜粋して紹介してみよう。

今は２０１７年が明けたところ。今から、震災のあの頃のことを、書くよ。

五〇歳のあなたと四八歳の私。あの日は、いつもと何も変わらない朝だったね。顔の横に手のひらをかざして「いってきます」と笑ったあなたの笑顔もいつもと同じ。ごみの袋を「俺が出していくよ」と横から持ってくれて「いいの？　パパありがとう」と言いながら、私も笑顔の平和な日常。普通の金曜日の、普通の朝だったね。

家族を愛し大切にしてくれたあなたは、あの日、どんなに家まで帰り着きたかっただろう。それを思うだけで、今でも涙があふれてくる。大きな黒い水を目にしたときの、あなたの驚き。そして、これは津波だ、と悟った瞬間のあなたの恐怖を想像すると、うまく呼吸ができなくなるほどやりきれない。それでもあなたは、最後まで精いっぱい、助かろうと、生きようと、がんばってくれたんだよね。

あなたと一緒に津波に遭ったSくんが、しぼり出すような声で教えてくれたよ。「ご主人が、先に走っていって何かにつかまるのを見ました。それを見て私もとっさに何かをつかんだんです。次の瞬間に大きな波が身体に強く当たって、気がついたら私は指がフェンスに引っかかっていてその場にとどまれました。でも、顔をあげたときに、ご主人が流されていくのが見えて……。顔は水の上に出ていました、まちがいありません。でも、私にはどうすることもできなかった。私だけがこうして戻ってきて本当にすみません。申し訳ないです……」

Sくん、とてもつらそうだった。でも、あなたの行動を見て同じように何かにつかまり、それで命が助かったと聞いて、あぁよかった……って心から思えたよ。いつも、誰かの役に立つことに喜びを感じていたあなただから、きっと「Sくんが助かってよかったなぁ」って、どこかでほほ笑んでいる気がしたから。Sくんが教えに来てくれたことで、何も状況がわからずにいた私たちが、あなたの身に起こったことを知ることができた。それを手がかりに、早い段階であなたを見つけ出すことができた。Sくんには感謝している。（鈴木由美さん（仮名）が亡き夫に宛てた手紙より）

由美さんのメールには、

「（亡き夫に宛てた）手紙という形で今回書かせて頂きましたが、最初はとまどい、手記との違いや言葉の選び方がとても難しかったです。けれど気がついたら、手紙という形に乗ってけっこう感情的に思うまま書いていました。愚痴とかも、表現も恥ずかしいくらいです。読み返すとイタくて赤面します。でも現在の偽りない気持ちが書けた気がしています」

と書かれていた。

この手紙の背景そのものは次章で詳しく述べるが、しかしそこには、被災の経験のなかで凝縮された何かが現れている。自分でも抑えられないほどの笑いがなぜ起こったのか。手記や手紙、インタビューなどを通じて、3・11後も続く「不条理」を可能な限り再現して組み立ててみたいと思う。なお、生活史を描くうえでかなりプライベートな部分まで踏み込んだために、本章では名前はすべて仮名として実名を伏せ、収録した書籍の出典も明示しないことにする。

2　災害の不条理とは

帰ってこない夫／父

母・由美さんと娘・果歩さん（仮名）の経験した震災の実相を再構成してみよう。

由美さんは、夫の悟さん（仮名）、娘の果歩さん、夫の父母と暮らしていた。3月11日の地震の直後は、メールでお互いの無事を確認していた。果歩さんは、家までの帰り道、吹雪のなか途中まで上司に車で送ってもらい、そこから40分かけて徒歩で家に向かった。道路はどこも混んでいて、ふだんは渋滞したことがない道まで車が並んでいた。遠くでけたたましいサイレンが鳴っているのが、右からも左からも聞こえる。雪がやみ夕焼け空が見え始めたが、田んぼは辺り一面真っ白だった。

ひたすら黙々と歩きながら、母の由美さんに電話をかけるが、混線で不通だった。何度かかけて、ようやくつながった。「いま、○○まで来てる。これから歩いて帰るから」。返答は泣き声だった。父との連絡が、急に途絶えたらしい。地震直後からやりとりを続けていたが、急に父の携帯の電源が切れた。父は、家族と連絡が途絶えないように、常に充電用の電池パックをいくつか持ち歩いていたので、電池切れは考えられなかった。少し前に、いま車で帰宅していると父から母に連絡があったすぐ後に、仙台港で大きな津波が発生したとラジオが伝えていた。何度電話をしても、メールをしても、つながらなかった。

ようやく果歩さんが帰宅した家には、母と祖父母のほかに、赤ちゃんを抱いた知らない親戚の人がいた。その後は人が次々に集まり、家は避難してきた親戚でいっぱいになり、20人ほどが雑魚寝で夜を過ごした。

震災の翌朝、母の由美さんは、親戚20人分の食事や親戚の赤ちゃんの離乳食を作っていた。果歩さんは自転車を出して大通りに向かった。家のすぐ百メートル手前まで津波の水が来ていて、泥だらけでボコボコになった自動車が、折り重なるように樹木や建物に引っかかって、道を完全に塞いでいた。いくつも積み重なった車をよじのぼって向こう側に出ると、水が膝より上まで溜まっていて、前に進めなかった。自衛隊員が救命ボートに乗って救助活動をしているのが遠くに見えた。父はどこにいるのか。自分を落ち着かせるように、ひとつ深呼吸をしてみた。

依然として停電のなか、由美さんは、玄関から見える廊下に大きなキャンドルを置いた。夫が夜中に帰ってきた時、真っ暗でもちゃんと家が分かるようにしたのである。それは結婚式でキャンドルサービスをした時の一番大きなろうそくだった。毎年結婚記念日に親子3人で点火して、震災の前年に来年は銀婚式だと話していたところだった。

その日の夜中、コンコンと玄関の戸をたたく音が響いた。果歩さんは数独ゲームを投げ出して、誰よりも速く、転がるように玄関に駆けつけた。絶対に父だ、やっと帰ってこれたんだと戸を開ける前から、涙がこぼれた。しかしそこにいたのは知らない人で、家に来ていた親戚の女性の夫だった。座敷に女性を呼びに行くと、玄関で2人で泣きながら抱き合っていた。心の遠い部分でよかったと思いながらも、由美さんと果歩さんは声を殺して泣いた。

追いつめられる母娘

3日めの朝、手紙の冒頭にあったように、同僚のSさんが家を訪ねてきて、悟さんが自宅に帰っていないかと聞いた。彼の顔はやけに青白かった。地震の後、悟さんと一緒に車で会社を出て、大通りで津波に巻き込まれた、と話した。すぐに住宅地図を持ってきて、その位置を確認し経緯を尋ねた。果歩さんは少し吐き気を覚えながらも、一言も聞き漏らさないように必死だった。

地震発生時、悟さんは会社の中で誰よりも早く動いた。工場の電源を落とし、工場内を見回って、割れたガラスを拾い、こぼれた水を雑巾で拭いて、社長に報告した。誰よりも早く着替えて、家に帰りたがっていた。同僚のSさんと車に乗り込み、運転していた同僚を気遣って、彼の家への最短の道を選んだ。あまりにも道が混んでいたため、いつも通るルートではなく、同僚の家への最短ルートに途中で道を切り替えたのだ。「俺は走って家に帰るから、Sくんの帰り道のどっかで降ろしてくれればいいよ。Sくんも、早く家に帰りたいだろ」と、悟さんが笑って話したそうだ。その判断のために、津波に巻き込まれてしまった。

渋滞してなかなか車が進まなかった時に、水（津波）が見えて、悟さんが助手席から飛び出した。それを追ってSさんも運転席から外へ逃げようとしたが、すでに水圧でドアが開かず、助手席側から降りて必死で走った。悟さんは近くの電柱につかまった。Sさんも悟さんを見て、自分も何かに捕まらなければと思ったが、水がもう迫ってきた。ようやくフェンスに指が挟まり、つかまることができた。顔を上げると、悟さんが電柱を掴んでいた手がふっと離れる様子が見えた。

その時悟さんは、果歩さんが誕生日プレゼントに贈った、重い革ジャケットを着ていた。そして果歩さんと由美さんふたりでプレゼントしたカバンを、斜めがけに肩にかけていた。家族で一緒に選んだお気に入りの服を着ていたのだ。流されていくとき、悟さんの顔は水面に出ていて、Sさんと目が合いながら、そのまま流されて見えなくなってしまった。Sさんには助けようにもどうすることもできなかった。

Sさんは水が少し引いてから近くの工場で夜を明かし、自宅に帰るより先に鈴木家に立ち寄って、悟さんの安否を確認したが、悟さんは帰宅していなかった。それでも娘の果歩さんは、涙を落としながら、「父はきっと生きている」、そう言葉にして自分を無理やり納得させるように、何度も何度も繰り返した。

その日の午後、同僚のSさんが最後に悟さんを見た場所に、義父と果歩さんと3人で赴いたが、その現場はひどい有様だった。何十台、何百台の車がぐちゃぐちゃに捻りつぶされて、積み重なっていた。人が入り乱れて、ひしめき合って、サイレンの音やどなり声、叫び声、泣き声が耳と頭を劈《つんざ》いた。由美さんはひどくショックを受けて、このときの光景をよく思い出せないという。

3人は悟さんが流された現場近くに車を停め、民家を尋ね回った。近くの小学校にケガをした人が何人か運ばれたとか、この辺りに来た人はいなかったよとか、ラジオでも流れていない情報を直接教えてもらった。

その後、近くの住民が集まって、この辺りに流れ着いた人のうちで、けが人はいろいろな病院へ搬送され、遺体は安置所に収容されたと、果歩さんに教えてくれた。車に戻り、果歩さんがそれを伝え、病院を探そうと言うと、なぜか母の由美さんは安置所に行こうと言った。驚いて母親の顔を見たが、彼女の真剣なまなざしを見てそれに従うしかなかった。車は遺体安置所へと向かった。

遺体安置所

17時頃に遺体安置所に着くと、待合室で待たされた。凍てつく寒さで、番号が呼ばれ、警察官に質問を受けながら、悟さんの特徴を紙に書いた。悟さんの後退した額や、ぱっちりした二重の目、昔のケガで少し欠けた前歯といった身体的特徴、持ち物などを伝えているうちに、果歩さんはいつのまにか誰かに伝えるのが嬉しくて、まるで自慢するように思い出し笑いをしていた。

待っている間に不安になった果歩さんは、由美さんに「ここでお父さんに会えるのと、会えないの、どっちがいいんだろう」と聞いた。由美さんは「わからないけど、早くお父さんに会いたいね」とだけ呟いた。ほどなくして、係の人が「特徴と一致する方がいらっしゃいますが、会われますか？」と尋ねた。果歩さんは何も考えられずに動けなかったが、由美さんは「はい」と短く伝えた。

体育館の中は薄暗くて、寒くて、所々に工事現場にあるような明るいライトが点いていた。白いファスナーのついた大きな袋が所狭しと並べられていた。体育館の真ん中あたりに立って待っていると、案内人が袋の番号を確認し、4、5人がかりで、ひとつの白い袋を運んできてくれた。ひとりの人が手に持っていたのは父親の荷物だと気づいた果歩さんは、鳥肌が立って、母親の腕をぎゅっと強くつかんだが、由美さんは無言のままだった。白い袋のファスナーがゆっくりと降ろされると、そこに「あった」のは、まぎれもなく悟さんの顔だった。

果歩さんは膝からがくっと力が抜けて床に跪づき、気がついたら声をあげて泣いていた。この時、父親に孫の顔を見せてあげることができなかったことを後悔したという。

由美さんはゆっくりと父の頬に手を添え「やっと会えたね、ずっとここで待っていたんだね。寒かったね。遅くなってごめんね」と声をかけ、涙を流しながら、やわらかく夫に微笑んでいた。係の人からご本人ですかと確認をされ、間違いありませんと答えた。

その後別室に通され、遺体の引き取り方を説明され、死亡診断書が手渡され、数々の書類にサインをした。診断書には「(短時間による)窒息死」と書かれていた。

発見されたとき、悟さんはフェンスと大型トレーラーの間に挟まっていたという。フェンスにひっかかって持ちこたえているうちに、大型トレーラーが津波で流されてきて、それが父にぶつかって一瞬で窒息死してしまったのではないか、と果歩さんは推測した。悟さんはおそらく、長時間苦しんだ末に溺れてなくなったのではない。それが果歩さんにとって、せめてもの救いとなった。

葬儀業者を決めて棺を持ってこないと、亡骸を安置所から出すことすら叶わなかった。帰宅すると、義母は泣きながらも、なぜか情けない、情けないという言葉を繰り返していた。知り合いの葬儀屋さんに電話したが不通だった。このままでは父が腐敗していくと思った果歩さんは、母の友人のBさんと深夜に直接葬儀業者へ向かおうとしたが、その道は途中から、津波の水があふれていた。車を降りて懐中電灯を手に、真っ黒な海水をかき分けながら、進んでいった。

葬儀店に着き、泥水でぐちゃぐちゃになった靴とズボンを絞りながら、事情を説明したが、すぐには対応できないと断られた。というのも、すでに建物内には遺体が3体もあてのないまま安置されて、ドライアイスすら手に入らないということだった。

果歩さんは断られたことにショックを受け、帰りの道のりが長く遠く感じられた。腐っていく父親の映像が、頭の中で何度も勝手に流れていた。懐中電灯を点けると電池が切れていて、葬儀店でもらったロウソクとマッチを出したがロウソクをつけると、その明かりはあまりにも頼りなく揺らめき、足元にさえ届かなかった。一瞬の先も見通せない不安を象徴しているようだった。

津波が残した黒い水をかき分けて、ふと、この水が何人もの命を奪った水なのかと思うと背筋が凍ったが、父親もこの水に触れたのかと思うと、水との距離がすっと近づくような気もしていた。

戻るとすぐ、付き添ってくれたBさんが違う葬儀屋さんを手配してくれたらしく、翌朝、ドライアイスや棺、そして火葬まで優先的にまわしてくれた。

福寿草の意味

4日目、遺体を引き取るために、ふたたび遺体安置所に行った。寒い体育館の中に先日よりもたくさんの白い袋がびっしりと並んでいて、向こうから泣き叫ぶ声が聞こえてきた。白い袋が開けられて父親と対面することになった。父親の頰に触れると、歯を食いしばっているような表情で、冷たくて固かった。数人がかりで袋ごと持ち上げられて、遺体はくの字に折り曲げられ、腰から白木の棺に入っていった。ぼうっと頭が働かないままで、人は死体になったら肌や顔は固くなるが、腰はああいう風に曲がるんだなと考えていた。

棺が家に運び込まれた。玄関からではなく、庭を通って、座敷のベランダから家の中へ、男8人がかりで運んだが、誰かが「何でこんなに重いんだ」と大声で言っていた。親戚の男性に「女は下がっていろ！」と怒鳴られたが、果歩さんは無言で一緒に棺を担いでいた。家の中に棺を運び込む際に、自分の足元に黄色い何かが見えた。もう一度見に行くと、前日は咲いていなかった黄色の福寿草が、まるで悟さんの帰りを待ちわびていたように一斉に花を咲かせていた。父親が自分たちのために今咲かせてくれたのかと思いながらも、「福寿草」のもつ「長く生きる」という花言葉の意味に、胸が絞めつけられる思いがした。

棺の足元に入っていた荷物は、津波の水をたくさん含んで、何十キロにもなっていた。プレゼントの革のジャケットは、驚くほど重く、ひとりで持てないくらいだった。カバンの中のティッシュは茶色く膨張し砂だらけだった。悟さんは、カバンの中に小さなセカンドバッグを入れて、そこにサイフや通帳、カギを入れていたが、そのセカンドバッグはなく、サイフの中にいれていた娘の成人式の写真もなくなっていた。

父の遺体が家に帰ってきてから、果歩さんは遺体が腐っていく悪夢を見続け、自分の泣き声で我に返るようになった。電気も水も復旧しないなかで、最小限のドライアイスしか置かれず、日に日に父の顔にしわが増えていった。火葬場は稼働の目途も立たず、一家は途方にくれていたが、何もできなかった。母娘は悟さんの顔を遺影として写真に撮った。家にいた親戚は険しい目で見ていたが、義父母は許してくれた。由美さんは大事に保管し、その写真を毎日見つめていた。

ようやく火葬の日が決まり、それ以降は悪夢を見ることがなくなる。火葬の日、まだ水を含んで重い革のジャケットと家族3人の写真を棺に入れた。火葬炉から骨になった父が出てきたときに、娘の果歩さんは、「これで父が腐ることはない。やっと骨にしてあげられた」という思いから、心の底からほっとして力が抜けてしまったという。

喪主は俺だ

水道の水もようやく出るようになり、葬儀が決まった頃から、由美さんは義父から「あんたは関係ねえ」という言葉を幾度も浴びせられるようになった。葬儀業者から、喪主は奥さまでよろしいですね、どのような葬儀を、と問われ、妻として最大の仕事を務め上げようと気持ちを引き締めたときに、「ちがう、喪主は俺だ」と義父に告げられた。「葬式は、部落の行事で、家族のためじゃねえ。この部落には契約講があって、ここにはここのやり方がある。あんたはよそ者で何も知らねえべ。実家のこと友だちのことだけやってろ」。横にいた義母もしきりに頷いていた。

会葬礼状にも「喪主の俺の名前と親戚一同だけでいい。この人（由美さん）の名前なんざ要らねえ」と繰り返す義父に対して、葬儀業者が何度も説得してくれ、かろうじて故人の妻として名前は入れてもらえた。あとは、事務処理だけが由美さんの役目で、受付を頼んだ近所の方々の名前を訊いても、「あんたは知る必要ねえ」「私だって、葬儀前によろしくお願いしますと頭を下げたいです」「そんなの余計なことだ」そんな会話ばかりを繰り返した。葬儀の日に向かうにつれて、由美さんはがんばろうとする自分と、それについていけない自分とのバランスがとれなくなってきていた。

震災から一カ月たってようやく通夜が行われた。悟さんが勤める会社の社長夫妻が弔問に訪れた。二人は、悟さんと由美さんの結婚の仲人で、果歩さんも昔からかわいがっていた。社長の妻は涙をぼろぼろと流して泣いていた。なぜか、由美さんと果歩さんに、何度も何度もつぶやくように謝った。「本当にごめんなさい、ごめんなさい、あの日、あの時、お父さんと、もう一分でも会社にとどめておけば、ほんの少しの時間でも帰るのを早めてあげていたら、こんなことにはならなかったかもしれない。本当にごめんなさい、ごめんなさい」と畳に額を何度もこすりつけた。2人は何も言えず、そんなことありませんと一言答えるのが精一杯だった。由美さんは、緊張の糸が切れたのか、通夜の後、着替えることもなく夫の遺骨と遺影の前で倒れるように眠っていた。

翌日、葬儀が執り行われたが、由美さんは夫の葬儀で別れの言葉も言えず、喪主にもさせてもらえなかった。果歩さんは、あまりにも母が不憫でかわいそうで、別れの手紙を読むために前に進む時、隣にいた母の手を引いて、一緒に仏前へ出て2人で並び、別れの言葉を告げさせた。

由美さんは葬儀が終わってから、気が抜けたみたいに落ち込んでいた。夫に対して、ごめんなさい、ごめんなさいと謝りながら涙を流すことが多くなった。「今はただ目の前にあることだけをこなして生きよう、こんな非日常のときに自分の存在の意味なんて考えちゃいけない」（手紙より）。由美さんは、支え続けてくれた夫がいなくなって、この家の中では自分は家政婦か便利屋にしか思えなくなっていた。一方、果歩さんは数日間、数週間、社長の奥さんのつぶやきと泣き顔が頭から離れなかった。徐々に母娘は追い込まれて行くことになる。

おかしくもないのに、止まらない笑い

由美さんは、震災後一度も座らずにずっと立ち続けているような気持ちで、精神的にひどく疲れていた。震災前の毎日の暮らしで、夫と言葉を交わしその笑顔にふれることで、まるでソファーかベッドで安らぐような休息やリセットを与えてもらっていたことに気づかされた。失われてしまった平和な日常の暮らしが恋しくて、一人でこっそり泣くことも増えていた。

娘の果歩さんはそれを見ていて、いつの頃からか母の前では泣けなくなっていた。母が泣くとそれをたしなめ、時にはひどい言葉を投げつけて、自分はひとりでお風呂で泣き、夜は布団をかぶって声を押し殺しながら泣いた。母を守りたい気持ちと、自分の無力と、自己防衛とが綯い交ぜになっていた。

母娘は、自分たち自身がおかしくならないように、必死に歯を食いしばって耐えていた。しかし、先にあげた手紙のように、由美さんはこの頃から、おかしくもないのにどうしても笑いがこみ上げてくるようになる。

親戚が家に集まり、そこから全員揃って四十九日のお墓参りに行くときだった。喪服を着て花を持ち、靴を履こうとした由美さんに「なんだ、あんたも行くのか?」と、義父が声を荒らげた。

突然のことで一瞬ぽかんとした。夫のお墓参りに妻が行けないなど、思ってもみなかったのだ。「人数が、あんたがいないほうが軽自動車数台で済むから、都合がいいんだ」。他にも車はあるのに、どういう意味だろうと、頭の中がぐるぐるしていた。親戚の前では嫌な雰囲気は作れず、「私は留守番ですね。私は後から一人でお墓参りに行けばいいのかな?」と軽く言うので精一杯だった。そのよ

うな気持ちを知らずか義父は、

「んだな、戻ってきたらすぐ飯を出せるようにしとけ」「じゃママ、留守番よろしく」お義父さんとお義母さんにそう言われて、みんなを見送ったあと、がくんと力が抜けた。正式な法要は終わっていたし平日だったので、娘は会社に行かせていた。孤独だ、と思った。玄関に立ったまま頭の中が白く霞んだ。そうしたら、ふいに、口から笑い声が出た。仏壇の前に行き座りこんで、なぜだかしばらく笑いが止まらなくなった。まったく可笑しくなんてないし、笑いたくなんてないのに。涙を流しながら、自分で止められない笑いがとても怖かった。（手紙より）

農家に嫁いだ由美さんは、イエというものに対して以前から戸惑いを持っていた。悟さんは長男あるいはいわば家長として、義父母と由美さんの間の緩衝材になっていた。「親父とおふくろは昔のことがすべてなんだよなあ。伝統は大切だけど、自分の知っている時代だけが正しくて、一緒に住んでいても俺たちの言葉なんか聞きもしない。でもこれからは時代に合わせて、俺とママ（由美さん）で少しずつ変えていきたいんだ。協力してくれな」（手紙より）と由美さんは夫に言われていた。もちろん由美さんは、亡くなった夫に対して、これ以上「心配」をかけたくない思いで、笑顔でふるまったり、頭を下げたりし続けてきた。そのことが前に向かって進むことになると固く信じてきた。

しかし、震災によって夫の存在が亡（無）くなった意味を、由美さんと果歩さん親子は、嫌というほど思い知った。義父母にとって息子が亡くなることは、鈴木家の大黒柱を失うことになり、母娘は婚姻解消も同然の扱いを受けていったのである。

3　震災後に一変した世界

ろうそくの頼りない光

震災前と震災後で世界が一変する。それを果歩さんは、街灯と懐中電灯とろうそくで例えてくれた。

かつては、自分の十年後や二十年後、その先までが、何となく想像できた。ぽつぽつと続く夜道の街灯の下をのぞくように、十年後には誰かと結婚しているかもしれない、二十年後には二人くらい子どもがいるかもしれない、と容易にイメージができた。でも、震災が起きて、心の中の街灯は消え、私の世界は真っ暗になった。何が自分で、どれが他人なのかも分からない、混沌とした空間だった。それでも、父の葬式までは何とか、少し先が見えていた。懐中電灯を持ったような気分だった。葬式までの準備がたくさんあった。やることがあって、向かう先があった。何とか数歩先までは、光が届いていた。けれど、葬式が終わると、手に持っていた懐中電灯は、ロウソクに変わってしまったような気がした。あの、ゆらゆらと頼りなくゆれる、小さな光になってしまった。足元すら照らすことができない。いつ消えるかも分からない。何も進む先が見えなくて、その日、その

時を生きるだけで、精一杯だ。（手記より）

母親の由美さんの方も、極限の世界で生きていた。

葬式に参列できなかった人が線香をあげに来てくれたが、客人に次第に応えられなくなっていく。来訪は、たとえ津波に遭っても「助かった人」だ。そういう現実を突きつけられるのである。しかも、客人は自らが「助かった話」をしていく。「俺も大変だったんだ」「津波来て、俺たち車で逃げて、もう後ろまで迫ってきた津波をうまく逃げ切ることができた」「慌てて何々にすがって助かった」。悪意はなく、自分たちに寄り添ってくれようとしているのだ、ともわかっていた。だが、こちらは夫が津波で亡くなっているのに、自分が助かったという話を遺族の前でするのかと、疑問に思い始める。最初は「大変でしたね」とか「助かってよかったですね」と相槌を打つことができたが、数十回と重なっていくと、だんだんと気持ちが冷めて、助かった人達に「助かってよかったですね」と言えなくなっていく。

「何であなたが助かって、何でうちのパパがっていう気持ちとか。俺が死ぬはずだったのにって言うのなら、今からあなたが死んでうちのパパをここに返してよ」（インタビューより）と思うようになる。人や災害を恨む気持ちはなかったが、どんどん自分が嫌な人間になっていくのがわかった。

悟さんは震災前から十分に地震や津波などの備えをしていた。由美さんは子どもの頃から地震が恐かった。由美さんと結婚したときのプロポーズも、「大きい地震が起こったときにそばにいて安心させたい。だから結婚しよう」というものだった。それなのに、どうしてこんなことになってしまったのか。そして人から助かった話をされるたびに、なぜあのような大きい地震が起きたときに津波が来る場所にいたのかという疑問があるだけだった。

こうして震災からしばらく経つと、果歩さんも由美さんも、震災時に何があって悟さんがどのように亡くなったのかという説明をするのがとても苦しくなっていく。口に出すたびに、瘡蓋が剥がれて傷が膿む感覚をいだくようになり、そのうち曖昧にしか答えないようになっていった。

二人は周りと交流を断つようになる。心を許すと裏切られる、ということを数多く経験していった。なかには、保険金をどのくらいもらったのか、何に使うのかと直接聞いてくる人もいた。外に出て、楽しそうな家族や、子供の手を引く父親の笑顔を見るのもつらくなっていく。居場所といえば車の中だけになっていた。さらに、一緒に暮らしている義（祖）父母のことも信じられなくなっていった。

不条理の際で

プツッと糸が切れたように、自分でも抑えられない笑いがなぜ起こったのか。震災の遺族を対象に、止まらない笑いに着目しながら、その後の不条理を描き出してきた。表現を改めると、当事者の間では断続的に、今も震災から解放されることなく、むしろ震災の真っただ中でもがき苦しんでいるという方が正しいだろう。そこでは当人ですら予想をしていなかった震災の生々しく厳しい現実があった。満ち足りた生活は一瞬で奪われ、家族がさよならも言わずに突然逝ってしまったことは、彼女たちの世界を一変させた。

自然を愛し、災害の備えを怠らなかった夫や父が、なぜ亡くならなければならなかったのか。疑問が湧き出る一方で、プレゼントしてあげた上着が重く水を吸って、父親の命を奪ったのではないかという罪悪感は消えることはなかった。大震災という出来事は、当事者にとっては、過去に起きた一時点の現象ではなく、いまだ抜けきることはない、進行中の世界の「揺れ」なのである。

義理の祖父母との共同生活の緩衝的存在でもあった悟さんの存在を失ったことで、イエという重しが母娘にダイレクトにのしかかった。世間のいわれのない誹謗中傷、イエの問題、遺品の整理、後述するように、心身の疲労と拒食症と過食症の体重の変化、それに伴う罪悪感が常に彼女たちにまとわりつづける。彼女たちが懸命にふるまおうとするほど、不条理を自らに引き寄せることになる。不条理のもとでは、「合理的」でいられる方が難しい。ふいに口をついて出た笑いが止まらなくなるのも、当然ではないだろうか。

喪主にもなれず、喪の際に惜別の言葉も奪われかねない事態は、なぜ夫や父が生きて私たちを守ってくれなかったのかという悲痛な声としても聞こえる。それは棺桶を庭から入れた際に見つけた黄色のきれいな「福寿草」の意味（長く生きる）に象徴的に現れている。

大震災という出来事は、人びとの個々の生活と人生において、不条理という消え難い痕跡をそれぞれに深く刻み残していく。それは過去の出来事としてすぐさま抹消できずに、しつこくまとわりつく、正体はわからないが、そこに確実にある実体である。「生活の狂い」としての笑いの、その情景や心情が、書き手にも意識されずに見事に描かれているのである。

第2章　罪深い私《サバイバーズ・ギルト》――保母兼家政婦に落ちた自分

1　母娘の記録筆記法（2）

大規模災害などの記憶は、強烈な視覚的映像として残ることが多い。頭の中の記憶として残っているのは、そうした断片的な光景である。それをまずはメモ書きで時系列に並べて、記憶の「埋め戻し」を行うことによって、事実としてあった出来事に対峙していくことができる。私たちはこれを、単純に「記録筆記法」と呼んでいる。目を背けてきたつらい記憶を、一つ一つ文字にしていく。断片的な光景を、文字に変換して、時系列に並べ替えて記憶を整理すれば、それぞれの光景がどのように繋がっているのかということを、本人がつかめるようになっていく。

記録筆記法は、「いつどこで誰が何をどのようにするのか」という5W1Hを詳細に書くことで出来事間の時間の間断を少なくし、前後の文脈を詳らかにしていく作業である。この方法によって、突然襲いかかった災害の強烈なインパクトによって生じた記憶の空白の部分を、前後の出来事の文脈をたどることで埋め合わせることになる。

なぜ愛する人が突然亡くなったのか、という「Ｗｈｙの問い（不条理）」を、どのように亡くなったのか、という「Ｈｏｗの状況説明」に置き直す。出来事を時系列的に並べ替え、再び意味付けをしてやることで、たとえば肉親の死は必ずしも自分のせいではないということを導き出していくのである。記録筆記法は、被災者が災害の経験をもとに事実を書き綴っていくのであるが、同時に書き手はその文章を何度も推敲することになる。経験を反芻する推敲を通じて、手記はある程度の「客観性」を帯びる。それは被災経験の意味を言語化させることにもつながる。

傾聴を含めたカウンセリングなどのナラティブ（語りや発話）に対して、私が採用した記録筆記法が異なるのは、文章を書き手自身が推敲し、幾度も原稿を見直すという点である。そうすることで、書き手は災害状況をより客観的に見つめることができる。これは災害経験だけにいえることではない。むしろ、生活上のさまざまな経験について広く当てはめることができる。何らかの特異な出来事や事件を経験した人びとにとって、それを「異なる視点から眺める」ことは、その経験を言語化し客観化するために、きわめて有益である。

たとえば、家族が交通事故で亡くなったとき、その「事実関係」自体は――左斜めから対向車線をはみ出した乗用車が時速70キロで疾走してきて、そこに居合わせた被害者の左半身の大腿部にぶつかり、右後方に４メートル跳ね飛ばされ、側道の縁石にぶつかり右脳の脳挫傷により出血多量で即死した、というような――遺族にとって何の意味も持たないだろう。それはただ「経過」を伝えるにしかすぎない。「なぜ」自分の愛する人「だけ」が亡くならなければいけなかったのかという、遺族にとっての切実な問いには答えていないのである。しかし、この経過を自分で把握し、理解し、納得し、意味づけていくことが、自ら書くことで可能になったのだ。

震災で夫、父を亡くした由美さんと娘の果歩さん（仮名、1章で前述）が取り組んだのは、震災当日のことを詳細に手記として綴る、というものである。特段ルールがあるわけではなく、ただ日時を刻みながら、主な出来事を時系列で書き込んでいた。

果歩さんは、母親に対する配慮のあまり目を閉じて、震災の経験に直接向き合ってこなかった。それはある種の「防衛的」な反応であったともいえる。果歩さんは、記録筆記法に取り組むなかで、次のように書いている。

自分の記憶や思いを書き出しただけのものを、未来に残せるように、矛盾のないものに仕上げたいと思えた。……それでも、何度も文章を読み直し、事実を確認して、直していく作業は思った以上につらく、傷口を何度もえぐっているような気分だった。事実の確認で、母とも何度も衝突した。特に、自分の記憶の曖昧さには、ショックを受けた。でも、人はあまりに強烈な出来事を経験したとき、その当時の記憶が一部抜け落ちたり、曖昧になってしまうものらしい。自分の間違いを認め、ネットや当時の資料から事実を確認し、手記を書き直して、それが完了した今、私の中で、何かひとつ壁を越えられたような気がしている。

この手記には、当時のつらかった記憶や出来事ばかりを多く吐き出してしまった。……けれど、今思い返せば、その合間合間には、誰かに感謝したこと、うれしかったことも、確実にいくつも存在していた。素直にありがとうと言えたことも少なくなかったはずだ。しかし、感謝のエピソードは、日々の中で誰かに伝えることができるけれど、つらく苦しかった思いは、表に出すことは難しい。だからあえて、今まで人には話せなかった負の部分を多く、この手記に綴ってきた（手記より）

被災者が災害の経験をもとに事実を書き綴っていく手法によって、心の中の混乱したものが言葉で表現される。書き手はそのようにして、「もやもや」した気持ちや心の中の「ぐちゃぐちゃ」した乱れを徐々に整理していくのである。一人で書いて何度も推敲を重ねることで、徐々に、自分の体験を自分自身から少し切り離して見ることができるようになっていく。その反芻性が、後述する果歩さんの手記の最後の一文の書き直しにつながっている。

2　ひとりになって「孤独」を埋める母：由美さん

ねじれたからだと心

鈴木さんの家族は、父の悟さんが亡くなることで、当たり前の日常生活を営めなくなり、次第に追い込まれていく。母の由美さんは自分が精神的に参ってしまっていることを自覚していた。

震災以前の彼女の生活は、大好きな夫がそばにいてくれて、何でも夫に話せた。いろんな不満はそれなりにあったが、日々の暮らしに満足していた。震災後、夫がいなくなり、悲しみを埋められないままに、立ち直ろうといざクリニックに行くにしても、そこに至るまでに葛藤を抱えこんでしまう。震災被害の程度に応じてカウンセラーのボランティアによる無料診療がおこなわれるというチラシを手にして、それを切り取り大切に保管していたのだが、体力や精神的気力が少し回復して、意を決していざ記事に記載されている電話番号にかけてみると、それはすでに不通となっていた。支援とそれを必要とする実態がずれてしまったのである。

さらに、うつを抱えて病院に通うこと自体に罪悪感を持っていたが、支援が閉ざされたときに、「残念だなって思って。本当に恥ずかしい話なんですけど、自分でもそういう周りの流れ（心理的な支援）に乗っていけない自分を感じた時に、ものすごく苦しくなり」（インタビューより）、無意識のうちにリストカットに及んでしまう。自分の頭で何も考えられなくなった時に、死にたいと思って行為を試みようとするが、自分の体を傷つけた時に痛みが神経を伝って走る。そうして、「ああ、私いま生きてるんだ」と我に返って、自らの異常事態にようやく気づく。

由美さんは夫を亡くしたあとまったく食欲がなくなり、見る見るうちに体重が激減して、周りが気づくほど痩せてしまった。しかしそれを過ぎると、こんどは過食になり、体重が増えてふくよかな体形になってしまった。そしてそのあと、拒食と過食を繰り返すようになる。

身体的変化は振り子のように反動を繰り返し、ちょうどよい真ん中で落ち着いてくれない。何かうまくいかないことがあると、他人ではなく自身のせいにしてしまう。目の前の「何か」が邪魔をしていて、それを叩き壊さないと前に進めないと思い、それが過食につながって、ついたくさん食べてしまう。しかし、食べたくて食べるわけではないので、気持ちが悪くなる。罪悪感から、今度は吐いてしまう。一生懸命吐くけれども、吐く行為も苦しいために途中から徐々に吐けなくなってくる。食べることで元気を出そうと義理の両親と娘と一緒にご飯を食べるが、家事以外の時間は横になって寝ているために全然痩せない。そのことで、周りから「あの人は全然苦しんでいない」と見られているとつい思ってしまう。痩せと肥満が極度に振れる往復運動のなかで、嫌悪感にもがき苦しむのである。

周りに乗っていけない、周りに取り残されている自分を感じたり、うまく、自分を変えていけない自分に気がついたり。うまく言えない。なんだろう……。絶対生き残ったものの義務ってあると思うのね。亡くなった主人は、ああ、ママ（妻）が助かってくれてよかったなっていう気持ちでいてくれると思うから、そこで私がやんなきゃいけないことっていうのは、なんでもそうだけど、やらなきゃいけないこととか、やりたいこととかあるのに、うまくできない時ですかね。なんかいっぱいいろんな思いはあるんだけど、全然頭の中とっちらかっちゃって……。（インタビューより）

初めの頃は、地震の記憶、津波や他の被害など、そういう話しか出ない時期がしばらく続いていた。自分ひとりの悲しみに向き合うというよりは、他人の情報に翻弄されて、そのなかで自分の立ち位置をどのように保っていくかという点に苦しんでいた。時間が経ち、他の人たちの気持ちが落ち着いてきた頃、夫を失った悲しみと孤独が深まっていく。

その頃由美さんは、世間や近所の人の時間の軸と、自分たちの時間の軸が根本的によじれ、ズレていると感じていた。焦燥感というよりも、周囲から取り残されていくような孤立感を受けるようになる。生活をしていれば、いろいろな話が自然に周囲から漏れ伝わってくる。人びととのやりとりのなかで笑わなければならない時に、無反応でいるとそれはそれで、涙が枯れたんだと言われたりする。メディアはどれも、震災のことを忘れさせてくれない。テレビで震災のニュースが流れるとチャンネルを小まめに切り替える。津波の映像をみると、身体が石のように固まってリモコンにふれることもままならないほどの衝撃を受ける。

由美さんの自宅は津波で流されることもなく、無事だった。もちろん公言はできないけれど、家も何もかも津波で失ってしまった人が、正直羨ましくなることがあった。たとえば悟さんが履いていた靴だけが、本人は不在なのに靴箱にそのまま残っている。悟さんの使っていた歯ブラシや髭剃りも、全部手を付けられず、そこにある。それはとても残酷なことだった。家に義父母もいる手前、泣くこともままならない。

彼女はそれらから自分の逃げ場所を見つけるために、カラオケ店に頻繁に通うようになった。ファミレスやカフェなどでは、周りの話が聞こえてとてもつらくなることがある。しかしカラオケ店や車の中は個室で誰も会わなくて済むため、好きなときに自由に泣くことができる。カラオケの部屋で一人でぼうっと何もしないでいる時間を作り、なんとか周りとの時間の違いや温度差を少しずつ埋めていこうとする努力が日々続いた。いわば、「ひとりになることで孤独を埋める」工夫である。悟さんの好きな歌を唄って、自分自身の中で夫への想いを馳せていた。

しかし同時に、泣き場所を探して出掛けているのを、カラオケで遊んでいると思われるのではないかという罪悪感がつきまとう。

声を失う

2011年の夏になるとその声も奪われ、言葉が出なくなってしまった。その頃には由美さんは、日中ほとんど横になって携帯のオンラインゲームに浸り、時間を忘れていた。それは思いもかけないきっかけを由美さんに与えることになる。初めは単に苦しみから逃れるための、一時凌ぎのゲームという位置づけでしかなかった。しかし、インターネットの向こうには生身の人間がいて、意外にも「生きた言葉」を投げかけてくれることがわかった。それにとても癒された。

そのオンラインゲームは箱庭を造っていくものであるが、つぶやきに対してレスポンスできる機能がついている。花を咲かせたりできるので、夫のお墓を置いて、花を二輪差して捧げている。花のリボンなどは、自分では買えず他人からしかもらえない。しかも、ゲームの中のお金を使って、わざわざ花を買って贈ってくれる人もいた。花の数だけみんな応援してくれているように感じていた。

若者がそのゲームに熱中しているのかと思ったが、意外にも由美さん世代の40代が多かった。ただゲーム空間の中で遊ぶというだけでなく、近所や周りの人、身内には言えないことを、顔が見えない相手だからこそ、話せるようになる。ネットゲームの友達とは、本音を話し合ったり、甘えたりできる。そうした「責任の生じない優しさ」が、ありがたかった。

さらに、悟さんも震災以前に一緒にゲームをやっていたので、彼自身が造っていた庭も残されている。日記のように一言ずつ、「今日は暖かいよ」とか「今日は雨が降ってるよ」とか「今床屋さんで順番待ちをしてます」と書いていた言葉がネットに残されている。記憶はだんだん薄れてしまうが、夫が書き残した言葉はそのまま残っていると思うと、とてもいとおしくなった。

初めは震災のことや津波のこと、夫のことなどはすべて伏せてゲームをしていた。しかし、ほんとうに優しい人たちもいることがわかってくると、プロフィール画面に「津波で最愛の夫を亡くしました。あの日から心が閉じたままです。そんな私でも手をつないでくれると言う人がいたら、気持ちを伝えにいきたいです」と書くようになっていた。

そのなかで、こういう歌に耳を傾けるととても気持ちが慰められますよと、いろいろな歌や歌手などを教えてもらっていた。家の中で横になったまま閉じた世界にいたときの気持ちに風穴を開ける契機にもなっていく。震災は、もちろん忘れてはいけないことだが、自分の記憶から少し遠ざけたい気持ちになったときに、オンラインゲームは精神面で助かった。

なぜ津波だったのだろう

由美さんは少し前向きな気持ちになっていった。オンラインの友達とやりとりしながら、少しずつ部屋の整理を始めていく。悟さんの服などを「ゴミ」として処分していった。それはとてもつらい作業だった。最初に服を処分したときには具合が悪くなり、三日間ほど食事も喉を通らず寝込んでいた。彼女は悟さんの服を一枚ずつ新聞紙に包んでは、言葉に出して謝りながら捨てていた。「主人の服を整理しています。一枚一枚「ごめんね、ごめんね」って声をかけながらゴミ袋に入れています」と泣きながらネットに書き込んでいると、ゲーム友達が「良かったね」と意外な返事をくれた。「ご主人、向こうで寒がっているかもしれないから。早くお洋服いっぱい送ってあげて、コーディネートもしてあげられたらいいね。ご主人が待っているから、いろんなものをたくさん早くあっちに送ってあげてね」。

この言葉を読んだとき、由美さんの心から不思議と罪悪感が消えていった。「そうか、これはゴミじゃないんだ」という納得の仕方をする。初めは違和感もあったが、人それぞれの価値観や時間の流れ方が違うことに気づいていったのである。自分だけの尺度や自分だけの角度から物事を見ていたらわからないことがある。ゲームで他人と接することで、そのことに納得できた。そしてそこからまた半歩、一歩進める感じを、由美さんはようやく持つようになる。

娘さんの果歩さんが津波をかき分けて進む際に、父の命を奪った水にある種の「親近感」を持ったように、母親の由美さんも次のようにアンビバレントな気持ちを伝えている。

思い出がすごくあるんですけど、いっぱい。本当にいろんなもの主人からもらったし。ただ何がつらいかというと自然が好きだったから。海とか山がすごい好きだったから、家族の思い出もやっぱり、そういうところに思い出がいっぱいあるんですよ。だから、娘とよく話をするんですよ。何で津波だったんだろうっていうのがすごく。あんなに私たち海が大好きで、休日なんかにお金ないからあまり高いところいけなかったけど、海とかにそういう風に椅子を出して、家族で一日中眺めながら、一日中過ごすのが好きなくらい海がすごく好きだったのに、なんか自然という災害で、海にパパ（夫）がやられちゃったんだなっていうのが悔しいんですよね。ただ逆にいえば、すごく自然を愛していたパパだったから、パパらしいねなんて、海でよかったかなってそんな風に話したりもするし、だから気持ちがこうさまざまなんですよね。どうして海なんだろう、どうして津波なんだろう、悔しい、悲しい。……。すごく気持ちとかの、上がったり下がったり波があって、なかなか気持ちが一定になったり、定まるって言うのは難しいですね。（インタビューより）

3　父を亡くした経験を書く娘：果歩さんの変化

戦友としての母娘

世間から、そして家族から締め出されて行った母娘は、次第にいびつな関係を作り上げていく。頑張って客人の対応や義父母の世話をしている母親をみて、果歩さんは、「ママが無理しているわけじゃないけど、ものすごく頑張っているから。でも、ママはきっと気持ちは張り詰めているに違いない」（インタビューより）と、ことあるごとに母親の気持ちを代弁しケアするようになっていった。

由美さんは初めのうちはありがたいと思い、その気持ちにどうしても甘えていた。決して周りには理解しえない悲しみを一緒に共有して、娘が優しくして助けてくれることをそのまま受け容れていた。その状況が続くうちに、もしかしたら自分が思っている以上に、娘に寄りかかっているのかもしれないと自覚するようになった。娘が自分自身の父親の死に対峙する時間をかけるよりも、夫を亡くした母に寄り添う方に、気持ちを過重に割いてくれているのがわかった。

ふたりはもともと仲の良い母娘だったが、それを越えたところで、被災という戦争を潜り抜ける「戦友」のように、固い絆で結ばれていったのである。しかしまた、周りの時間の流れから取り残されて、二人はお互いのあいだに特殊な関係性を作り上げるようになった。そして、本人も自覚するほどのその緊密な関係性は、ある種の緊急避難でもあったのだが、それがやがて、被災者自らが経験を書く、私たちの記録筆記法のプロジェクトやテレビのドキュメンタリー取材を受けることによって変化していくことになる。

母娘の関係変化

ちょうどそれは、由美さんも娘から離れて少し頑張っていかなければならないと思っていた時期でもあった。彼女は「変わったんですよ、私たち親子」と語っている。娘の気持ちに寄り添おうとする一方で、自分自身の感情を犠牲にし、二の次にしていることに気付いたのだった。彼女自身もまた、精神的に自立して、被災に関する温度差があっても気にせず、周りが望むような自分になっていきたいと考えていた。そしてそれができない自分のもどかしさ、情けなさ、後悔や苦しさ、いろいろな感情が綯い交ぜとなっていた。

そして果歩さんもまた、手記を書いて自分の感情に向き合い、自分の複雑な感情を一気に吐き出す機会だととらえたのである。「うちの娘が自分の中の父親像とか、自分の中の本当に自分が苦しかったことだけに、やっとこう目を向けるきっかけになったんだ」と由美さんは語っている。

取材を受け、手記や手紙を書いているうちに、まもなく母娘の関係に変化が生じる。意見をぶつけ合うことが多くなったのである。それはいい兆しだと本人たちもとらえていた。由美さんのずるさやだらしなさを娘が許容していた部分があり、その点について「ママ、それは違うよ」とはっきり言われるようになる。それまでとても素直に母親のことを気遣ってきた娘に反抗されると、少しムッとしながらも、うれしく、ありがたい気持ちになった。ようやく娘自身が自分のことに目を向け始めて、心の中の悲しみや苦しみに対峙できるようになったという安堵の気持ちである。

果歩さんもさまざまな取材などを受けて、自らの経験をとらえ直すことになった。心の中心に母親の存在があることは変わらないが、亡くなった父親への思い、震災や津波のこと、周りとの軋轢や葛藤をはっきり認めることができたことは大きかった。就職した会社では果歩さんは明るくふるまい、仕事も一生懸命こなしていた。自らの悲しみをまったく表に出さず、本音を言えてこなかったのではないかと、由美さんは語っている。

津波のこととか震災のこととかで私と娘が周りとの温度差とか、そういう二人だけで支えあってきたところがあったから、だからその支えあってきた均衡が崩れるような懸念があって一歩踏み出せなかったのかなと思っていて、だから原稿を書くことによって自分の気持ちに向き合うことによって、というか私は今までその娘に支えてもらいながらインターネットのブログだったりオンラインゲームのお友達だったり、実際家にいる時間が長いわけですから近所のお友達とかとにかく実際のリアルのお友達とか、とにかく話をして泣いたり慰めてもらったりする時間があったんですけど、あの子（娘）は今までそういう時間がなかったから、自分がここで弱音を見せたらママを支えられないっていうのが横で見てて分かるんですよね。

でもそれを分かっていながら、私も私自身がどうにもできなかった時期だから、分かっていながら、この均衡を破ることができなかったみたいな、だからものすごく支え合ってきて、ものすごく心の傷をお互いに分かり合ってきて、周りを時には憎んだこともあるし、その事で自分が逆に情けなくて苛まれたこともあるってことから、私たち二人の世界っていうか、すごく大切な世界だったんだけど、そこに風穴が開くっていうか何か新しい風が入ってくる、何かこんな言い方、痛い言い方ですけど、でもそういう扉が見えたのかなって思って、だから良いんじゃないお話を受けてみたらって言ったのも、やっぱこの後こういう風な取材を受けて私たちはそこで終わりじゃなくて、その後の生活っていうものがある訳ですよ。

はっきり言って、そこまで寄り添って、支え合って過ごしてきた時間が異常だったんですよ。でも私たちはそうしなければ過ごして来られなかったから、そういうふうにやってきた。でもそこで少し、普通に戻ろうとしてる……。（インタビューより）

父の遺体との対面を書く

先述の革ジャケットをプレゼントとして父親に渡した果歩さんには、やっとの思いで筆を進められるようになった場面がある。それは、母と二人で父親を探し続けて、その遺体と対面した場面である。その時のことを思い出した彼女は目から涙があふれ、そこで筆を止めてしまったが、しばらく考えたあと、最後の一文を父が「そこにいた」という文言から「そこにあった」という形に書き換えることになった。少し距離を置いて自分の状況を見られるようになったともいえる。

父親である悟さんの遺体の顔のことを、「そこにいた」という表現から「そこにあった」と書き直すまでには、父親が亡くなったと考えられる客観性をようやく取り戻したとも言える。父親が亡くなってしまった事実を直視したのである。

震災から時間が経ち、世間が日常に戻っていくなかで、私は「あの、あまりにも苦しく悲しかった震災後の日々のことを、自分は絶対に忘れてはいけない」という強迫観念のような思いと、それでも薄れていってしまう自分の記憶や感情の狭間で、とても重苦しい葛藤を感じていた。記憶と正面から向かい合って、再び痛いほどの悲しみに引き込まれるのがこわくて、いろんなものを心の底に押しこめて、目をそらして放置していたような状態だった。それでも今回、苦しみながらも、しっかり記憶と向き合い、それらを自分の身体の外に、文字として出して、文章として保管することで、いつでも見返して思い出せる形にすることができた。もう、震災のことを忘れてわからなくなってしまうことはないんだ、と思ったら、何だかほっと安心して、ぎゅうっと固まっていた心がほぐれていくような気がした。被災者としての責任感から、どこか解放されたような心持ちだった。
(手記より)

果歩さんが手記を書いて感じたのは、解放感と安心感だった。それは被災者としての「責任感からの解放」だったようである。

4　保母兼家政婦に落ちた自分：由美さんの変化

家族の変化

家族にも変化が訪れる。その変化は母娘の戦友としての関係解消でもある。震災発生から4年が経つ頃、娘の果歩さんは妊娠、結婚を機に、理不尽な義父母の実家から離れたが、それでも娘の希望もあり、ほどなくして実家で由美さんの世帯と同居することになった。

その理由は、表向きは亡くなった夫の遺族年金にあった。由美さんと義父母の3人が夫と同じ生計に入っていたが、そこで由美さんが籍を抜いたり、再婚して出てしまうと、遺族年金がカットされてしまう。

由美さんの心の奥には「最愛の人を産んでくれたお父さんお母さんっていう感謝の気持ちがすごくあって、(私は義父母を)大嫌いなんだけども夫が気がかりでいっちゃったかと思うと、ちゃんとおじいちゃんおばあちゃんの世話も大丈夫だよ。安心していいよ(と夫に伝えたい)」(インタビュー)という気持ちが横たわっていた。

一見すると、四世代揃って仲睦まじく暮らしているようにみえるが、母親の由美さんにはかえって孤独を極めていくことになった。まず娘が新しい家庭をもって父親の死を乗り越えた風にみえるし、実際果歩さんもそのように感じている。母は娘の震災記憶の「風化が進んだ」とみて、それをむしろ積極的に歓迎している。しかし、娘の幸せだけを見て百パーセント自分も幸せだとは思えない自分に対して、葛藤を抱え込んでいると気づかされた。

夫の父母は実家の一階で暮らしていて、認知症が進んだ義母を義父が支え、少しベタベタした関係になっていた。由美さんは一階で掃除をしたり家族の御飯を三食、幼児食と娘夫婦の分も作って、果歩さん家族が暮らす二階に運び、そこで一緒に食べ、両世帯を行き来しているうちに、二世帯五人を世話する保母兼家政婦の役割でしか、自分が生きていないことに気づいた。義父母夫婦と娘夫婦の隙間にいるような感じで、埋めようのない孤独感と焦燥感が募ってくるようになった。

どこまでも広く、そして深く後悔が先立つ

孫は可愛いし自分の命よりも大切という認識はあるが、血のつながった孫という感覚がないことを、正直に吐露する。夫が生きていたら、まったく違ったであろうが「「他人の子」だから」という突き放した冷ややかな表現のように、ある種感情のない状態に追い込まれていた。

当初、怒りにも似た感情であったのが醒めていったのは、感情を表すことに憶病な自分が先立つからである。夫と共に月を見たり、花火を見ることが好きだったすべてが悲しい思い出に変わり、昔と同じ楽しい気持ちでは何一つできなくなってしまった。しかも、それをただ悲しいと思うことすらも大切にしようとしているのは、歳をとったせいであり、物事を諦めたからだという無気力感が漂って、できるだけ感情の起伏が生じないように繕う。

この10年余り、本当にうれしいことや楽しいことで心の底から笑ったことはないと、由美さんは振り返る。一般的には、夫が亡くなった悲嘆の結果だと思われがちである。しかし、由美さんの声に耳を傾けていると、あの時の出来事はもちろんあるが、震災前に遡る後悔が無尽蔵に表出されてくる。

例えば、夫はある病気で医師から厳しく飲酒を禁止され、家族もそれを守ってきたが、不慮の死を遂げるのであれば、仲の良い友達と思いのままお酒を飲ませてあげればよかった。また、夫と一緒に

散歩したとき、もう少し行こうよと誘われたが、疲れたからとストップしてしまったことが悔やまれる、テレビに青森の奥入瀬渓流などが映ると、一緒に行きたかったと思い出して後悔が先立つ。懐かしい、きれいと思う前に、涙が止めどなくあふれて、ごめんなさいと泣き崩れてしまう。

つまり、夫との思い出すべてが、こうした方がよかったという後悔と罪悪感として噴出している。そのことを踏まえれば、災害の遺族は、家族を助けられなかったことを悔やむというよりも、震災「前」にも後悔と罪深さが拡がって、そのことを震災後抱え込んでしまっているのである。

5 痛み温存法——生ける死者との回路をつなぐ

ナラティヴとライティングの違い

災害の現場では、カウンセリングに行かないか、回避する人たちがいる。「精神科で精神安定剤を処方され、心と体のバランスがとれなくなってやめた」という声も聞く。もちろん、「こころのケアチーム」として東日本大震災の現場に入り、その人の生き方を失わないよう、「処方薬以外の処方箋」として傾聴を促進する医療専門家もいる（森川 2011）。

傾聴を含めたカウンセリングなどのナラティヴ（語りや発話）と、私たちが採用した記録筆記法のライティングでは異なる点がある。たとえば、記録筆記法を試した遺族は、手記を収めた本ができた後、毎月、亡くなった祖母の命日に手記を読み返すことを振り返り、大学生活を送っていくなかではだんだん授業が始まったり、後はバイトとかというものが始まって、なんかどこかでおばあちゃん忘れて、忘れるじゃないですけど震災があったっていうことを自分の中でも少し薄れて行くような部分もあったりして、それが怖いなと思った部分もあります。今あの時と同じように書いてみてって言われても、たぶん思い出せないことも、今になってはたくさんあって、その時に書いたものを読み返すことによって、こうだったなあと思いを馳せる時間というのを作りたかったのもあります。（インタビューより）

と言う。仮に亡くした肉親を忘れれば、楽になって日常生活を送れるが、忘れてしまう恐怖感に苛まれる。他方、肉親への想いを重視すれば、日常生活に重大な支障をきたす。遺族による誤解もあることを含めて、カウンセリングを受ける以前の問題として、楽になりたいという自己と、自分だけが楽になってはいけないという自己の、相矛盾する両義的な感情を抱く被災者遺族にとって、死者を置き去りにして自分だけが救われる解決策には「抵抗」がある。カウンセリング（間違ったものも含む）が示唆する治療イメージは、必ずしも有効とは限らない。

それに対して、遺族の相反する感情を架橋するのが「痛みを温存しながら書き綴る」という記録筆記法である。第三者であるカウンセラーの眼前での自己開示の禁欲と治療 cure されることへの不信に対して、記録筆記法は敷居を格段に下げる。たまたま本に記録を保存できた遺族にとって、「これだけあなたのことを思っています」と文章が残る限り、それをいつでも見返せば、忘れないことにつながる。「いつでもこの本（記録）を開けたら、（祖母が）生きている」「本だったら（息子が）生き続けることができる」という安堵が生まれる。

名取市閖上《ゆりあげ》で息子さんを亡くされた小原武久さんの手記には、３ヶ月間かけて、息子を捜索した日々について、「「湯船に浸かるたびに、聖也ごめんね。冷たい水の中にまだいるんじゃないだろうね。外は本当に寒いのにパパたちだけがお風呂に入ってごめんね」と何度も心の中で謝りました」（『３・11慟哭の記録』金菱編 2012: 206）とある。しかしその一方で小原さんは「一つ一つつらい、その思い出にね、向き合わなきゃいけないいんですけども、でも、それは逆に言えば、息子と向き合える時間。不思議と息子がそばにいるっていう錯覚もありながら、なんかこう私は落ち着いて原稿を書くことができましたね」と話している（インタビューより）。

ナラティブのカウンセリングに対して、記録筆記法の場合は、誰もいない場所で被災者がひとり静かに書く作業を必要とする。小原さんが亡くなった息子と向き合ったというように、必ずしも一人孤独ではない点が特徴的である。息子を亡くしながらも、彼を想うことで、実際に書きながらあたかも彼が傍にいるように実感したのである。ひとりきりの部屋で静かに記録を書くことが、亡くした肉親と共に行う協同作業として、亡き人と共に語り合う「幸福な時間」となったのである。

残された生者が死者となった肉親を心配し、愛したことを刻みつけておく「メメントモリ（死を想う）」がある。調査法として想定していなかったことであるが、記録筆記法は自らが向き合うことで亡くなった家族との関係性の再接続を手助けしていたのである。震災において生を中断せざるをえなかった人びとへの想いや、残された遺族がこんなにも愛していたことをメメントモリとして、留めおくために役立つのが、記録筆記法だといえる。心の痛みは、病気としての外傷を消し去るものでなく、むしろ抱き続けるべき大切な感情である。なぜなら、深く愛していたから心が痛むのである。

記録筆記の手法は、痛み解消によって先に逝ってしまった家族を忘れてしまうのではないか、という不安から、当事者を解放する。記録筆記法は目的ではなく、これを手段として亡くなった肉親と共にいるリアリティを手に入れる、あるいは大切な肉親との関係性を意味づけるものであった。

震災メメントモリを導いた記録筆記法は、単に生者への効果だけではなく、今後、行方不明の彷徨える魂である生ける死者と、残された生者の家族をつなぐ回路も拓いていく可能性をもつ（金菱 2014b）。

第3章　亡き人の魂とのつながり
――震災遺族・行方不明者家族へのアンケート調査

1　河北新報の震災10年アンケート調査

「大震災から〇年」という欺瞞

2018年、世間では震災から7年経ったと報道されていた頃、私がラジオ番組に生出演する直前に、両親を震災で亡くした知り合いの遺族から切迫したメールが届いた。NHKテレビのドキュメンタリー番組「NHKスペシャル」東日本大震災特集で、津波で亡くなった犠牲者の死因を探るなかで、当時は溺死という遺体の検死結果は本当は「低体温症」ではないかと伝えていたという。もしそうなら、あの時急いで故郷に向かっていれば両親の命を救えたのではないかと、激しく動揺して、深い罪意識に苛まれていた。つまり「震災から7年」という歳月が経とうとした時に、その年数にかかわらず、いまだ当事者は震災の渦中に引きずり込まれることを、このことは示している。あの時からと大震災からという表現は、同じことを指していない。

２０１９年、宮城の地元紙である河北新報の記者、高橋鉄男さんに10年にあたって遺族・行方不明者家族へのアンケート調査をしたいと相談を受けた。その時に、いわゆる「心の復興」として、遺族が死を受け容れたかどうかを尋ねる紋切り型の質問は、何パーセントというわかりやすい数値が出るが、結果が見えているし、それよりはアンケートに答えた遺族・行方不明者家族の人にとって意味のある調査を助言した。

とはいえ、遺族・行方不明者家族お一人お一人の受け止め方があまりにも異なるために、アンケートをひとつの形式に落とし込むにはそれなりの工夫が必要であった。それぞれ微妙な答え方をしている回答を集約した時に、その数値がなにか全体の意思を持って語っているかのような錯覚に陥らないように、細心の注意を払いながら調査に臨むことが求められた。

「知人や友人から「10年だね。落ち着いた？」と聞かれます。曖昧に笑って誤魔化していますが、「そんなわけないでしょう。あなたも子どもを亡くしたら分かるよ」と、つい呟きたくなります」。

これは実際のアンケート回答の一例であるが、表立っては語られない感情であろう。ある識者は、遺族の方を前にして「生き残ってくれてありがとう」と言葉を詰まらせながら語りかけていた。亡き人のいる世界に自分も旅立ちたいと思う心情を慮って、この世に踏みとどまって耐えてくれたという労いの言葉でもある。どれだけご遺族の方が、いわれもない無慈悲と向き合い傷つきながら、孤独の

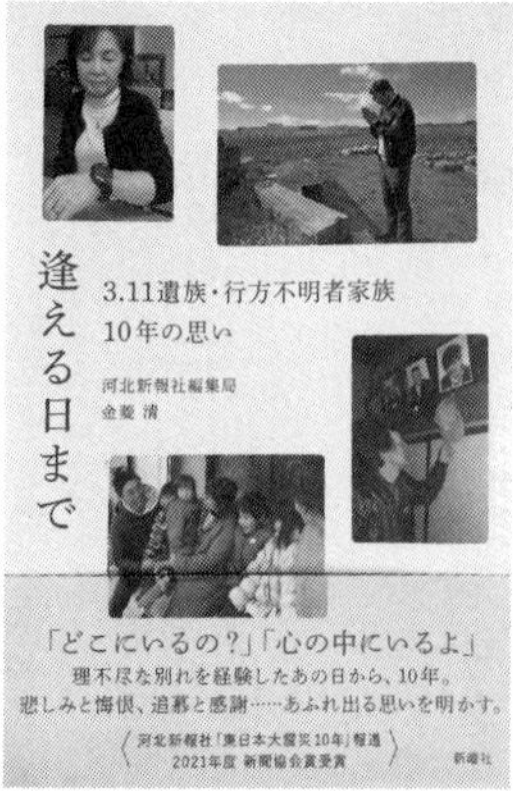

なかで耐え忍び、返す言葉がなかったことか、想像を絶する。このアンケートはこれからも生きたかった命が突然災害によって奪われた当事者の家族一人一人に向き合い、「10年後」や「何万人の死者」のような数量化では測ることができないものをとらえるために、意識調査の対極を目指そうとしたといえる。

２０２０年11月〜21年２月、河北新報記者が被災者遺族（関連死８人を含む）・行方不明家族27人の計１５８人に面接してアンケート回答を収集したが、さらにその中から了解の得られた１２１人にインタビューを実施し、詳細な証言を得た。これらは同紙記事として掲載され、後に『逢える日まで――３・11遺族・行方不明者家族10年の思い』として書籍化された（河北新報社編集局・金菱 2022）。

アンケートの結果から

アンケートの結果からは、10年経過のなかで、「ある程度落ち着いた」「完全に落ち着いた」も含めるとご家族の５割が「落ち着いた」と答えていたことは、震災発生当初との変化としてとらえることもできる。ただし、行方不明者家族とそれ以外の方を分けると、回答に大きな違いが見られた。行方不明者家族は、そうでない家族に較べると、「全く落ち着いていない」「あまり落ち着いていていない」を合わせた数が、約二倍以上にのぼり（ご遺体が見つかった遺族13・2％・行方不明家族28％）、ご遺

体発見の有無によって、その後の落ち着かせ方に開きが見られる。ある行方不明者家族の回答には、

「葬儀を済ませても、死亡届を出しても区切りにはならず、かえって申し訳ないと思うばかり。毎日のお墓参りにも「何も入っていないじゃない」と、つらい。どこに行ったのか、どうなったのか確信が持てず、亡くなったかもしれない→きっと亡くなったんだろう→亡くなったに違いない→どこかにいる、きっと帰ってくる→亡くなったかもしれないと、いつも堂々巡りしている」

とあった。

亡き人への心境の変化にも、対象との向き合い方として微妙な距離が表されている。故人に向けた今の感情を、哀しみ・申し訳なさ・感謝・愛・懐かしさ等と置いてみると、全体では「哀しみ」や「申し訳なさ」が35・5％を占めている。その一方で、「感謝」や「愛」・「懐かしさ」等どちらかといえば、負の感情から正の感情への変化が55・6％になるなど、10年という時間の経過とともに、親しみのある故人へと一皮一皮めくるような変化をしていることもうかがえる。ただし、行方不明者家族に限っていえば、愛や懐かしさという感情には至っていないことが見えてくる。

故人を一番感じることができる場所はどこかは、「仏前」や「住んでいた場所」が4割を占め、「夢」で再会する方も少なからずいた。行方不明者家族の特徴としては、「お墓」（4％）や「仏前」（4％）よりは、「亡くなった場所」「住んでいた場所」など（58％）や「家族との会話」（12％）など、

場所、あるいは通常の葬送儀礼ではないところに、故人を感じられる方が多かった点があげられる。

10年の経過のなかで、全体として33・1％もの家族が、故人について「あの日の行動を知りたい」と今でも思っている点は、時間の経過を感じさせないものとなっている。この10年間、ご遺族や行方不明者のご家族を支えたのは、地域や遺族同士のつながりはあるものの、45・1％もの方が「家族」という結果であった。

2　心は落ち着いたか

心が落ち着いたかという問いに答えたある人は、

「本音は「全く落ち着いていない」と言いたいが、（亡くなった）孫が聞いたら「私のせいでおばあちゃんが落ち着かないのか」と思ってしまうので、「あまり」落ち着かないと答えておく」。

このようにアンケートの中で、「落ち着いてきた」と答える方でも、その個別の内容を見てみると実は「落ち着いていない」ことがわかってくる。アンケート結果の数値とは反対の心情を表している。

また、たとえば世間で震災の話題がなくなっていくことについて、ある遺族は「世の中でも震災のことを口にするのはいつまでも引きずっていると思われるので、口に出して言えなくなってきた」と話す。別の方は現在も、亡くなった娘に買ってあげた防水機能付きのガラケーに毎月基本料金を払い続け、いつ解約するか迷われている。また完全に落ち着いたと答えた人も、被災地を離れ、「自分は被災していないと素知らぬ顔をして生きてきたが、そうしないと生きていけなかった」という胸の内を吐露されている。

どこまでアンケート結果の数値は信頼できるものなのか。そもそも落ち着いたとはどういう状況なのか、「私の状況や痛みは何にも代えがたい」という主張もある。あるご遺族は、「被害の大きさは比べられても、悲しみや傷の深さは比べられない」と私に話してくれた。

さらに遺族には、亡き人はなぜ津波から逃げなかったのか、当時の行動を知りたいという切望がいまもある。心理学者は正常性バイアスと呼ぶが、災害時などに起こった事象（たとえば過去の津波高）から現在のリスクを過小評価したために、悪い結果を導くという理論で説明しようとする。またあるメディアは「地震がきたら、個々人がバラバラに逃げる」という津波てんでんこの重要性を説こうとする。

しかし、残された家族、たとえば消防団に所属し地域のために殉職された方のご遺族は、どう受け止めるだろうか。なぜ逃げなかったのかという周囲からの言葉が心に突き刺さり、いまだにその言葉に苦しめられている。

津波で亡くなった人を慰霊する記念碑も、「生きた証」として石碑に故人の名前を残したいと必死で建立を働きかけるご遺族がいる。他方で、名を刻むことで故人が逃げなかったことに対して「愚か者」と名指されている気がする、というある遺族の意見もある。どちらかの声が大きくなると、そうでない人は沈黙を強いられる。私たちは何かの調査結果をひとつに結論づけて、受け止めるのではなく、震災をとらえる考え方は多様であり、そのどれかに重みづけをすることなく、矛盾を矛盾として理解する度量が、この十数年で求められてきているのだといえる。

3　大切な人が生きていた証し

その意味で、アンケート結果をこれこれこうだと分析することに、素直に〝失敗〟しているといえよう。先に見たように、表面的には落ち着いていると答えた方も、よく聞いてみると、それは表面だけで、逆の場合も少なくない。アンケートの集計には失敗したが、それはご遺族・行方不明者家族にとって震災発生後の生活史の豊かさを逆に示しているのではないかとも思われる。哀しかった気持ちが徐々に、故人の感謝へと変わっている場面もあり、内面の変化として、故人の魂とのつながりをいっそう強めている。

たとえば、息子さんから初任給でプレゼントしてもらったかばんを、「ぼろぼろになったら息子がいなくなるような気がしてずっと使えなかったが、震災後3年くらいしてから使うようになった。息子と一緒に出かけていると思っている」という心の変化を話してくれた方もいる。

また、別の方は、亡くなった「主人は結婚指輪をしない人だったから家にしまってあった。震災後に片づけていたら指輪を見つけ、自分の左手の薬指につけている。少し緩いけど、主人を感じられるものとしてつけている」という。このように故人の死をきっかけに家族の新しい未来を拓く大きな後押しになっていると、感謝している人も多くいる。

他方、行方不明のご家族を抱えている方の中には、ご遺骨が手元に戻ってこず、死を受け容れられない方もいる。たとえ葬儀や死亡届を出したとしても、お墓にも何も入れられずいまだ迷いのなかにあり、手を合わせてはみるものの、誰に対して祈っているのだろうと心のざわつきを感じている。

ある遺族の方は、「旅行にも位牌と写真を持って一緒に出掛ける。離れることなく、ホテルで部屋に置く。家でも夜寝るとき、仏壇から寝室に一緒に連れて行く」ことについて、「いつまでも家に縛っているのもなあと思うし、10年たって連れて行こうかと夫と話している。私たちが抑えているというか、さみしくて離れられなくてつなぎとめているけど、本当は一歩一歩仏の道に行かなくてはならないと思うから」と声にもならない声をあげている。

そういうご遺族にとっては、復興の陰で人知れず孤立を強いられて、いまだ正月を祝うことができなかったり、「私だけもらうのは申し訳ないから、震災後は誕生日プレゼントを断った」など故人に対して申し訳なさでいっぱいで、自分だけが心から楽しんではいけないという罪責感をずっと抱えている方が少なくなかった。孤立感が増すなかで、夢の中で故人からのメッセージを受け取り、救いとしている人もいた。愛しているからこそ、いまだ大震災が彗星の尾のごとく、人びとの心に痕跡を残して揺さぶり続けている実態が明らかになった。

本章で紹介した河北新報アンケート調査の質問と回答、および一人一人の証言は『逢える日まで』（河北新報社編集局・金菱 2022）に収録されている。合わせて参照されたい。

第4章　大震災の正体とは――当事者が書いた『3・11慟哭の記録』

――正体不明のつなみが、悲しみだけを残していった

1　災害の忘却から記録の保存へ

忘却に抗して

世間や社会から忘れ去られるとはどういうことか。人の心臓の鼓動がこの世から消えたとたん、生きてきた証すらなかったことにするのは、個々の理屈を超えて、近代的な時間管理のあり方の問題でもある。私たちは、知らず知らずのうちにそこに押し込められている危険がある。つまり、その人を想う可能性が社会的に完全に無くなる「忘却」という問いを立てることができる。

1854年に和歌山県広村で起きた地震・津波の記録は、濱口梧陵による見事な文章や絵図が残されて、遡及して調べられる。それに比して、1771年に琉球地方を襲った明和の大津波は、当時としては役人以外文字を起こすことはなかったので、そのほかに津波石、人魚伝説や各家の言い伝えなどの口頭伝承、遺跡等に残された堆積物や地割れなどの津波の痕跡しか、知る手段はない。

私たちは災害における記録を採り続けているが、それは何か。第一義に、喪われた膨大な数の人命が救えたかもしれないという未来への教訓である。すなわち、記憶を遡って災害の体験を想起し、記録に変換する作業である。このような観点から、私たちの「東北学院大学震災の記録プロジェクト」も、災害の記録を採ることをめざしたが、次第にこの教訓とは異なる第二の意味があることを発見する。まずはその違いについて考えたい。

被災体験は、「口伝えでは残り難いものの、文字などで「記録」として残せば、それが保存され続ける限り、記された情報は、世代や地域を越えて長く残すことができる」（岩船・田村 2018a：10）ととらえられている。岩手県山田町の当事者が書いた震災体験記集『3・11百九人の手記』と、彼らが編纂し直した震災記録誌『3・11残し、語り、伝える』の比較は興味深い。

「……テレビは突然電源が切れました。いつもならすぐテレビが地震情報、津波注意報を放送してくれるのに。

私はパニック状態になり、バッグ一つを持って階下に下りて、外出していた義姉（83歳）を心配して、ただただ、おろおろしていました。そのうち、義姉が無事帰宅して、2人で織笠保育園に避難しました。……」（沼崎敦子「震災に亡き父を思う」『3・11百九人の手記』2015：166-167）

……テレビドラマがしばらくしてプツンと切れた。停電したためにテレビから防災情報は入らなかったという。地震の揺れのすごさに「これは何だ」と思ったが、すぐに収まるだろうと思い、こたつの中に頭から潜り込んで様子を見ることにした。

揺れが収まり、歩けるようになったので、こたつから出た。「津波から逃げる」ことを意識した。まず、二つのバッグを手に持った。そのうちの一つには、通帳、Aさんと夫のキャッシュカードが入っていた。また、書棚の上のレターケースから飛び出した自分と夫、長男、三男の実印が畳に転がっていて、共済証書などと共にバッグに入れた。

その後、数カ月ほど前まで自室だった「2階の長男の部屋」にある「防災リュック」を持ち出そうと思った。Aさんは部屋に入り、押し入れを開けて探したが、手前には長男の私物ばかりがあり、見つけることができなかった。「2階にいて津波に流されんじゃねえが」と不安を感じ始め、防災リュックを諦めた。1階に下りて玄関から外に出て、玄関の向かいにある小屋で「避難訓練で使っている長靴」を履いた。「素早く動く」ことを心掛けて行動していたので、ここまではそれほど時間が経っていないと思う。

玄関から道に出ると、避難するべき上の方が見えた。……（『3・11残し、語り、伝える』2017: 164-165）

岩船は、比較して後者の方が、避難行動に関わる時空間情報の復元性が高いという結論を得ている。つまり、科学的な再現可能性および客観性を担保できているという主張である。人びとの「目」から行動という「身体性」へと比重が移動し、○○さんという個別の呼称から、AさんBさんという形で一般化され、まさしく後世・他地域のために経験がデータ化され、主観性が他者化されていく過程を伴う。

それに対して、私たちのプロジェクトが採用した方法は少し異なる。それは比較対象として前者に置かれた、当事者である被災者が綴った手記という方法そのものである。しばしば経験を詳細に調べ、それに即して災害が教訓化されて地域で防災策が共有されるが、私が出会った被災者は明確にそれを否定していた。南三陸町のある男性は、昭和8（1933）年の昭和三陸津波の際に家屋を失い、「地震が来たら避難」を教訓としていた。すると次に昭和35（1960）年チリ沖津波で、地震がなくても津波が襲来することを知った。そして2011年の大震災はこれまでの津波高をはるかに上回り、「津波はここまで来る」とされた避難想定域が書き換えられる経験をした。自分たちの経験は再三に渡って裏切られる、との教訓を得たのである。

2 被災した当事者が書く——手記の重要性

書けない人が書く意味

震災発生翌年の2月に、被災者自らの手による手記集が『3・11慟哭の記録——71人が体感した大津波・原発・巨大地震』（金菱編 2012）として刊行された。同書は、調査者である私たちがインタビユーを行い、それを取捨選択しまとめる方法をとっていない。

作業は疲労と困難を伴うものだったことは、想像に難くない。そして、71人の人びとが、発災後半年も経たず復興のさなかに自らの体験を書き綴ってくれた。そうした協力体制・信頼関係を築くことができた背景には、基本的には私の指導するゼミの学生10人のメンバーで、学生の家族、知人と、つてをたどって原稿を依頼し、集めていった過程がある。一般公募にしてしまうと、「書きたい人」が書くだけになってしまう。そうではなくて、「書くことができない人の記録」をめざした。学生のもつ資源、東北最大の都市・仙台に拠点をおく大学の持つネットワークが非常にうまく機能した。手記を依頼する際には、字数の規定（たとえば百字程度のまとめ）をおくことが普通だが、私たちのプロジェクトでは字数を無制限にした。

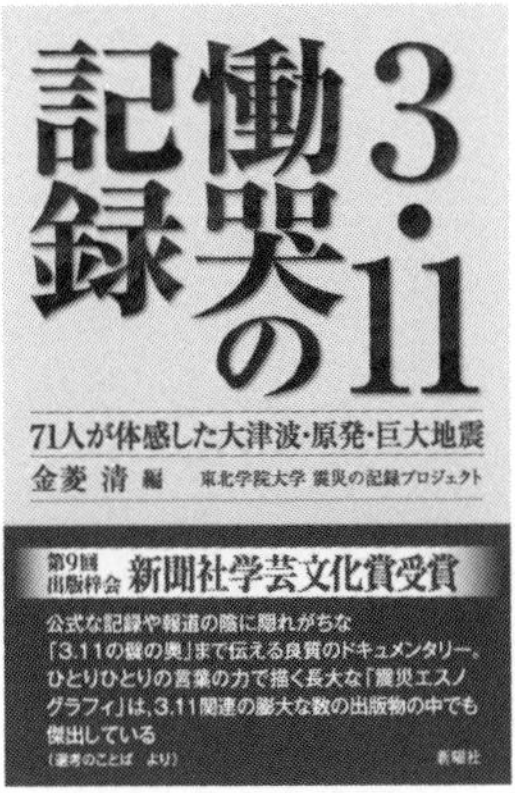

「いつどこで誰が何をどのようにしたのか」という出来事の5W1Hと、前後の文脈が大事であるので、途中を省略せずすべて書いてもらう方針をとった。そのうえで、受け取った学生が疑問や不明点を質問して加筆修正してもらい、被災した地域やトピックがより明確に見えるようにと工夫をした。

『3・11慟哭の記録』に寄せられた手記から内容の一部を紹介すると、

「震災川柳・震災日誌・仮土葬・行方不明者捜索・盗み・民

間ハローワーク・民俗芸能・障害者・介護・消防団活動・海の信用保証・遺体安置所・うつ病・福島第一原発の瓦礫撤去・避難区域・母子疎開・一時帰宅・スクリーニング・風評被害・脱ニート・山津波・エコノミークラス症候群・新幹線トンネル閉じ込め……」

人びとが略奪や暴動に走らず、災害時の日本人の美徳として語られることも多いなかで、長期間物資の供給が滞り、情報がないところでは、結果として次のような盗みを働かざるをえない現場もあったことが、記録された。

「その日の帰りに近くのドラッグストアに盗みに入った。（中略）ただ「生きたい」という感情のみで動いていたと思う。悪いことをしていると考えないようにしていた。収穫はトイレットペーパーとナプキンだけだった。なんだか複雑な気持ちで帰っていると、また別のスーパーが同じように騒がしかった。また集団で盗みに入っているのかと思い行ってみると、今度は店側が自主的に店を開けて、自由に持っていって良いとのことだった。私はこの時、食料問題が解消されたことよりも、また罪を重ねなくて済むことに安堵していたと思う。」（成田賢人「「盗み」に入らざるをえない現実」『3・11慟哭の記録』金菱編 2012: 111-112）

津波で泥をかぶって実際には商品にならなかっただろうが、物を持ち去ることへの抵抗と、そうせざるをえない現実との間で葛藤する被災者の姿が浮かび上がっている。

また、マスメディアが扱う震災は、津波と原発災害に終始してしまうことが少なくない。しかし、東北内陸部や大都市の仙台で大地震を経験したトピックはずいぶんある。秋田新幹線の新仙岩トンネル内で被災し、14時間にわたって閉じ込められてしまった人、自宅に戻れず、避難所と車の中で寝泊まりした結果、母親がエコノミークラス症候群になり、心肺停止に至りながら生還するという体験をした人にも書いてもらった。

「救急隊員の説明によると心肺停止し、瞳孔も開きかけていて、心肺蘇生を試みたが意識が戻らないという。愕然とした。まさかそこまで深刻な事態だとは、思ってもみなかった。そのまま救急車に乗り込み、病院に向かった。救急車の中では隊員の方から母の年齢や持病、過去の大きな病気や倒れた時の状況など事細かに聞かれた。動揺して頭が回らない。年齢は答えられても何年生まれかは分からなかった。持病や過去の大きな病気も知っている範囲では答えられたが、すべてを把握しているわけではない。病院も非常用電気で稼働しており、細かく検査できるような機械は使えず、また、検査する時間の余裕もなかったため、状況判断で処置を施さねばならなかった。隊員の質疑応答の情報は必要不可欠で、命が助かるかどうかも左右するのである。何度も念を押して聞かれ、間違ったことを言えば大変なことになるというプレッシャーと不安に押しつぶされそうであった。意識は一向に戻らない。この時すでに、トリアージは死亡を表す最悪の〝黒〟であった。」（佐藤美怜「エコノミークラス症候群による心肺停止」同上：484-485）

福島第一原発事故を機に、ニートを脱却した記録もある。

「とにかく一刻も早く原発から離れようと西へ西へと車を走らせた。途中に「飯舘村」というところを通り過ぎるのだが、そこは地形などの影響でやたら放射線の量が多いらしく、いつも通っていた道なのに妙な違和感を感じた。約二時間かけて福島に到着して、ここで両親を待って合流してから東京に向かおうと思っていたのだが、父からメールがきて、一人で東京に行く事になった。（中略）それからだったと思う。もし今、親が倒れてしまったら自分は生きていけるのか考え始めたのは。実際この時、両親は二人ともとても辛そうでいつ倒れてしまってもおかしくない状況だった。もしそうなれば姉と俺で両親を支えなければいけない……多分そうしてニートを脱却する覚悟が決まったのだろう。震災から一ヶ月近く過ぎて問題が発生した。財布の中が心もとなくなってきたのだ。バイトをやろうにも色々足りない物はあったし、今後いつまで東京にいるかわからなかったので、親戚のガソリンスタンドで働くと叔父に連絡した。そして叔父の好意に甘えて働き始めた。」

（大石貴之「脱・ニート」同上：375-377）

女川《おながわ》の方の手記には、亡くなった家族の「仮土葬」をめぐる記述があった。新聞で仮土葬が行われていることは知っていたが、何をどのようにしているかは全然わからない。手続きはどうやっているのか、実際に遺族はどう思っているのか、この2点を疑問に思うのは私たちだけではないと思い、本人に加筆をしてもらった。あとで聞くと、その部分は本人にとって思い出すのもつらく、「書きたいんだけれど書けない」というような気持ちだったそうである。しかし、そこをあえて加筆いただいた結果、怒り、やるせなさといったことが本当に強く伝わってきた。

「県外の火葬場しか稼働していないこと。その火葬場も大変混んでいていつまで待てばいいのかもわからないこと。町では仮土葬の方針であること……「仮土葬」……うちの両親達をそんなことにさせてたまるか！　土に葬るのだ。そして火葬場が復旧したら掘り起こし火葬するのだそうだ。火葬の予定も未定、何年土の中で眠ってもらわなくてはならないのかもわからない。仮土葬という言葉に私は怒りを覚えた。」（丹野秀子「正座したままで逝った父、母、祖母」同上：25）

記録として残すことは読み手だけではなく、書き手にとっても必要な作業であった。子どもを亡くされた親御さんは、この手記を書く途中で何度も筆がとまったけれど、今記録としてこうやって本を開ければいつでも息子が蘇ってくるので、遺影の前に置かせてもらって「一生の宝」だとおっしゃっていた。それと同時に、同じく子どもを亡くされた別のご遺族から、今までひとりだと思っていたけれども、同じ気持ちを持っている人がいると本を読んで知って、涙が止まりませんでした、と電話をいただいた。『3・11慟哭の記録』は、後世・他地域に伝える前に、ご遺族当人にとって意味のあることがわかってきたのである。

3　心象世界を大切にする

先に見た客観性という形で一般化され、後世・他地域のためにデータ化され、主観性を他者化させていく科学的手法による記録とは異なり、当事者である被災者が綴った手記という方法は、心象世界そのものの大切さにある。私たちは個人の体感にこだわりたかった。同じ場所で津波に遭遇しても、「ナイアガラの滝」と感じる人がいれば、「富士山が向かってくる」と表現する人もいる。心象をどう表現するかには、人生が関わってくる。聞き書きという手法もあるが、記憶の奥深くに潜んだ感情や体験を表現してもらうには、自分で書く手記が優れている。

災害の教訓として、被災状況の再現可能性を追求した方法論が模索されている。たとえば、VR（仮想現実）を用いて現場での映像と実際の津波を重ね合わせて、当時を再現することが技術的に可能になってきた。しかし、注意しなければならないのは、これらの手法がはらむ危険性である。誰がどのような思いで受け止めていたのかという感情の襞を捨象することになると、その結果、津波や地震という自然力の凄まじさだけが経験されて、そこで人を亡くした悲しみや被災の感情は感知されなくなる。防災がその場限りでの体験に終わってしまいかねない。

被災者が自ら書く手記が大切なのは、映像や写真はそこにはないが、いったん当事者の経験の基礎にたって、災害という事象に文字を添わせることによって、被災した人間の感情経験を追想できる点であろう。より踏み込んでいえば、当事者をもってすら言葉で表現しえないものがこれほど大きいのだと知ることによって、改めて災害が残した人の死の悲しさ、重さを噛みしめることになる。人間の感情経験に根ざした人びとの心象世界、心のあり方を問うことになる。そうして現場の小さな心象世界を丁寧に文字に起こし、出来事の〝広さ〟と〝深さ〟の両方を合わせもつことで、広域大災害の実態をあきらかにするエスノグラフィーが可能となるのである。

第5章　想像の死者に向けた手紙——ライティング・ヒストリーの展開

1　語れない、語りえない言葉

災害を生き残るという〝サバイバー〟の主題に対してどのように私たちはアプローチすることができるだろうか。それは、当事者に聞くインタビューという手法が有効であるように思われる。しかし「生き残り」という言葉から察せられるように、災後に残された者の罪意識と対峙する場合が少なくない。残されたという受動態的立場には、その表明がすでに主体的な自己を構成するようなエージェントを想定しえないことを示唆している。

そう、当事者も実のところ〝わからない〟のである。もちろん、当時の状況について、インタビュアーが尋ねればそれなりの応答が見込まれる。しかし、その回答は、迷いのなかにあり、それをすくい取ることは難しい。その場合、果たしてインタビューという手法は有効なのだろうか。その方法論も含めてサバイバーを再考してみる必要があるだろう。まず最初にインタビューの敗北宣言を出しておきたい。そのうえで、本章は、オーラル・ヒストリーに代わるライティング・ヒストリーの方法論を展開する。ライティング・ヒストリーとは、当事者のなかですら伏せられた無意識に対し、そこにある以上の事実を、調査者の介在を必要としながらもそれを無効にし、当事者自ら意味のある「歴史」として刻むことができる新たな実践である。

本章では亡き人への手紙を論じるが、手紙の試みとして「漂流ポスト3・11」がよく知られている。岩手県陸前高田にある赤い郵便ポストに、おもに震災で肉親や友人を亡くした方々から、亡き人へ綴った手紙が500通以上届けられた。漂流ポストは、森の中でカフェを営む赤川勇治さんが2014年3月11日に設置し、届いた手紙は原則公開される。そばの小部屋で誰でも閲覧できて、その想いを共有できる。決してひとりではないとわかり、ふさぎ込んでいる気持ちが楽になり、安心感も得ることができる。

手紙は、あの日以来会えなくなってしまった人に、まるで会話をするかのように伝わる何かがある。主宰した赤川さんは、憩いの場がなくなった被災者から早く開けるように促されて、カフェを再開する。そのなかで様々な愚痴や悩みを、それこそカウンセリング代わりに聞くことになる。沿岸被災地で同じように内に問題を抱え、自分から物を言えない人たちは、どのように解消しようとしているのか、彼は疑問を持つようになる。夫を亡くした佐藤せつ子さんは「仏壇には愚痴は言うから。寂しいよとか。手紙は私の中では（夫に）届いている」「あんま心配させちゃいけないと思うから。（手紙には）元気だよとか」書く（岩松 2018: 54）。

赤川さんは、手紙に託された悩みや思いをどこにいても引き受ける場所として、漂流ポストを開設したのである。ここからはいくつかの重要な点が見えてくる。やや迂回するが、私たちがいかにインタビューで語られる言葉（narrative）に頼りきっているのか、まずはそれを、第三の極とでもいえる調査方法から考えてみたい。

縄文人の死生観をモノから読み取る

それは「モノ」からの構築である。考古学者の山田康弘の書『縄文人の死生観』（山田 2018）には、タイトル通り縄文人の死生観が展開されている。実に不思議なことである。なぜなら、縄文時代に、土偶などの芸術作品は残されているもののまだ文字はないし、ましてやインタビュー記録などは残されていない。なのになぜ縄文人の死生観がわかるのだろうか。

それは、考古学であるので、「もの」という証拠から類推を重ねて真実にせまる方法である。たとえば、縄文人の遺体の顔面に犬の骨が一緒に発見される。もちろん偶然とも考えることができるが、複数発見されるとそれは偶然ではなく、必然としてそうしなければいけない何かがあったという類推が成り立つ。

弥生時代の墓碑などと比較して、家や広場で埋葬されていたことは、遺体を忌避して遠ざけることをしていなかった事実がある。妊婦を偶像した土偶を一緒に埋葬していたことから、あの世に送り込むのではなく、母胎への回帰、再生をめぐっての死生観を強く持っていたことが明らかにほかの時代とは異なることが「型」からある程度見えてくる（山田 2018）。

つまり、たとえその人が語らなくても、モノを通して、死生観が明らかになってくることがわかってくる。いわば、インタビューを経なくても、ある程度は語るのと同じことを物語らせることができる。思考実験として、極限まで語ることを禁じたとすれば、何をどこまで私たちは明らかにすることができるのかということをどこかで想定しておいた方が、インタビューがもっと生き生きしてくるのではないか。

次節から、自分自身へのインタビューという仮想読み物のかたちで、オーラル・ヒストリーを聴き取るインタビューの敗北宣言と、ライティング・ヒストリーへの展開を跡づけてみたい。

2　インタビューの敗北宣言

オーラル・ヒストリー

――これまでどれほどインタビューを行ってきたのでしょうか？

かれこれ20年ほど聴き取りを重ねてきました。といっても諸先輩方に比べれば、まだひよっ子です。

――語り（ナラティブ）を特権的に扱うといいますか、そういう問題の立て方でいうと、文書資料に対して口述資料として、社会学のなかでは位置づけられます。そのなかでインタビューはどういう役割を果たしてきたのでしょう？

災害で言うと、誰か家族が亡くなるとご遺族という名称が与えられて、これがサバイバーとして一般名詞化されます。この時点で、個別性を剥奪される可能性があります。初めにクリアにしておきたいのが、先ほど20年ほどと言いましたが、中堅のインタビュアーとして、リアリティに迫るためにはインタビューが最善の方法だと思っていました。ところが、それを撤回せざるをえない事態が生じました。インタビューというかオーラル・ヒストリーの「敗北宣言」を出しておこうと思うようになったのです。

――いきなり敗北宣言ですか。それは予想外です。オーラル・ヒストリーのインタビューする側とされる者との間に、創造的な相互作用があるような自己弁護的な便法（ラポールなど）、あるいは逆に「対話的構築主義」など精緻な理論化がありますが、それともまた違うんですか？

まったく違います。それはコップの中の議論であって、結局インタビューする側によって話の導線がひかれる気がしています。

――そうですか。方法論的な問題関心は少し脇に置いて、まずはなぜ敗北宣言を出されるに至ったのか、実際に直面した問題と経験を伺いながら、具体的な災害に再度向き合い議論したいと思います。

亡き人への手紙の試み

――なぜ２０１７年に亡き人への手紙集（『悲愛――あの日のあなたへ手紙をつづる』（金菱編2017）を出されたのでしょうか？

手紙の本を出す5年前の2012年に『3・11慟哭の記録』（以下『慟哭の記録』と略記。金菱編2012; 本書3章）を上梓しました。この記録は71人の当事者自らが「いつどこで誰が何をどのようにするのか」という5W1Hを用いて震災の経験を詳細に書き綴る試みでした。そしてその5年後に、当事者がどのように変化しているかを追う研究を、周囲から勧められていました。ところが、5年の間に立ち直っている人もいれば、いまだ苦しんでいる人もいて、その差が大きくなっており、収拾がつかないとわかりました。それで、『慟哭の記録』の中で見つかった死者との関係性を活かすためにはどうすればよいのかを模索しました。

――『慟哭の記録』から死者との関係性が見えてきたというのは？

これは意外なところから出てきました。『慟哭の記録』は、千年に一度の大災害を当事者が書くことで、人類史の記録にしたいという意図が、編集側の私にありました。出版後に共同通信社からインタビューを受けて「当人が直接書くこと」と「調査者が（聴き取りをして）まとめて書くこと」は、どう違うのかと問われました。まず、東日本大震災という名称の通り、広域に渡る領域を私たちの研究でカバーできるはずもなく、地名も間違いかねません。そうした災害の特性から、当事者自らが書く方法をとらざるをえなかったのです。

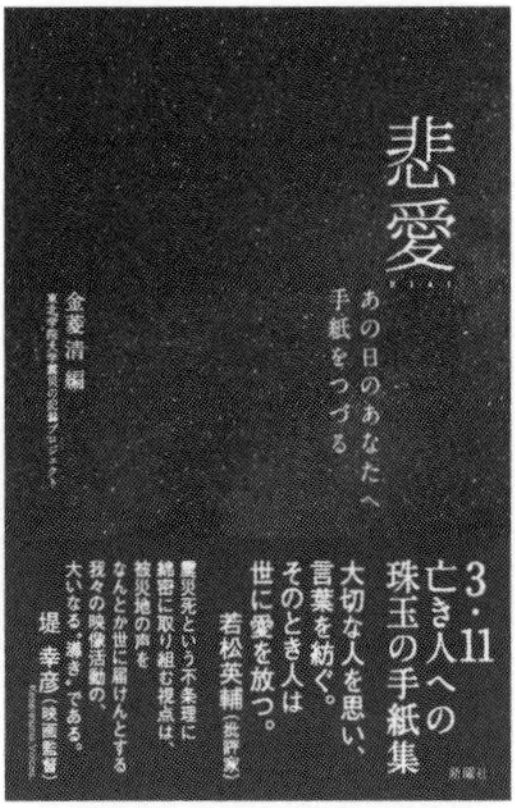

ところが書いた当人は、こちらの意図とは異なる文脈で利

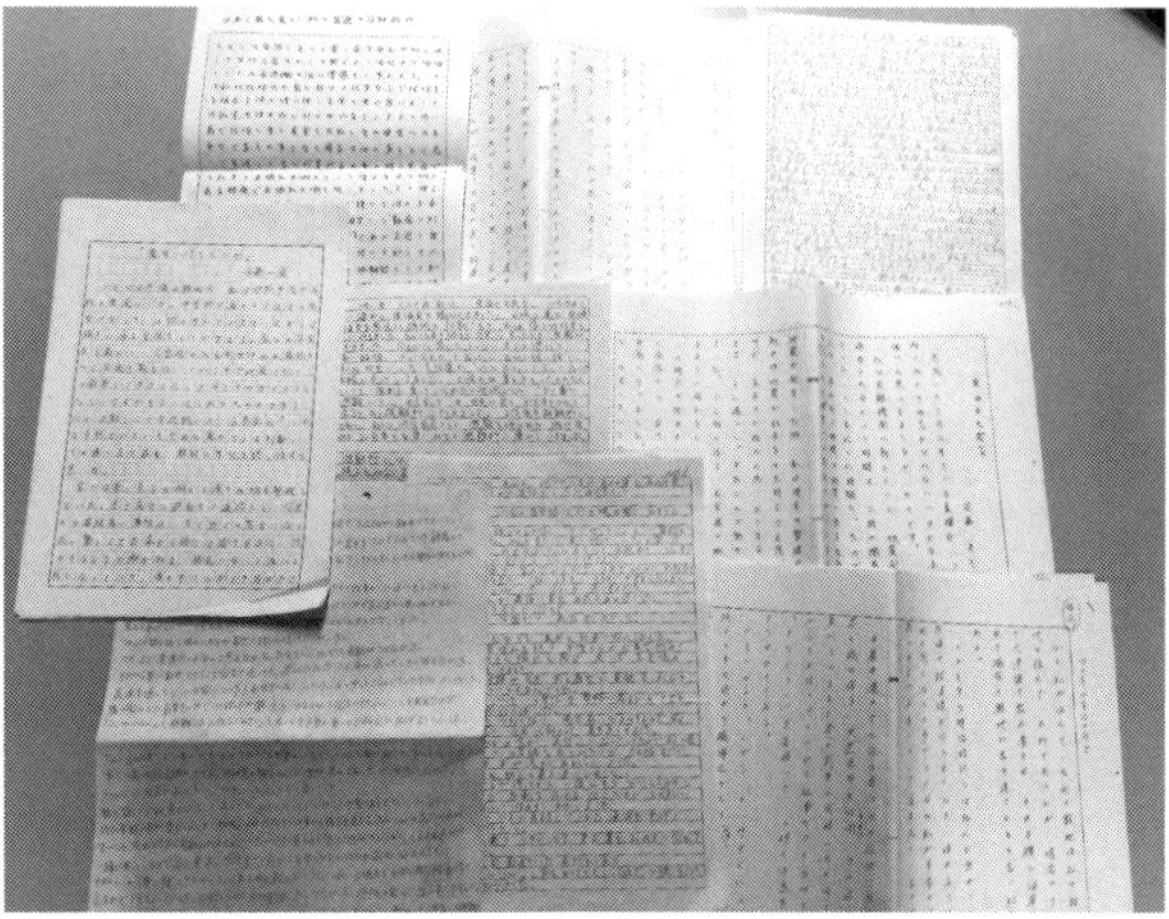

用していました。まず本を手渡した反応がこれまで研究書を渡した時と大きく異なっていました。本を抱きかかえている方もいれば、仏前に供えさせてもらいますという方もいました。この意外な反応が、実は「死者」との関係だったのです。

当事者は、この記録を書く時はひとりではなく、亡くなった息子と一緒で、これが息子にできる父親の最後の仕事とおっしゃっていたり、カウンセリングを受けて自分が楽になることで、亡き人の記憶をなくしてしまうことを怖れたりしていました。しかし、この記録の試みは、故人との大切な思い出をそのまま保存し「これほど愛している」と自らの言葉にすることで、当事者の肩の荷を少しだけ下ろすことができたのです。私はそれを痛みを解消する方向ではなく、「痛み温存法」として理論化しました（金菱 2014b; 本書2章）。痛みは取り除く対象ではなく、むしろ大切に保持されるという意味です。これはまさに意図せざる結果です。

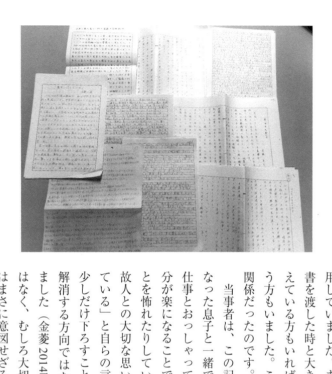

――それまでどちらかといえば、死者の位置づけが排除される傾向にあったものを、死者との関係性を取り入れない限り本来の意味で解決しない点で、実践的な意味を含んでいたことになりますか？

そうです。社会学を初めとした社会科学は、死者との関係を排除することで、すっきりした理論を提供することができました。災害の分野でもある専門家は、死んだ人はもう亡くなったのだから扱わないと公言されていました。連字符社会学（社会学の様々な分野）も生きている人を基本的に扱います。明らかにこの延長線上にいた私は、東日本大震災の事象に向き合うなかで反省を迫られました。名取市閖上の津波犠牲者のために、元閖上中学校に建てられた慰霊碑そばの机の上には、マジックインキで次のように書かれていました（金菱 2016a:77）。

> あの日大勢の人達が津波から逃れる為、この閖中を目指して走りました。街の復興はとても大切な事です。でも沢山の人達の命が今もここにある事を忘れないでほしい。死んだら終りですか？生き残った私達に出来る事を考えます。

これは復興政策だけでなく、私たちが身を置いている社会科学に対する痛烈な批判でもあるのです。タクシードライバーの幽霊との邂逅など、被災地で死者との関係性が明らかになったので、当事者の方々に、亡き人や失った故郷に宛てた手紙を綴ってもらいました。しかし、この手紙プロジェクトを組む時に困ったのは、実際何が書かれてくるのかわからなかったことでした。『慟哭の記録』では、事前の調査でトピックを知ることができましたが、手紙ではそれができませんでした。実は、そこがこの〝敗北宣言〟にもつながっています。想像の死者に向けて書かれた手紙は、本来存在しません。なぜなら亡き人はもうこの世にいないので、当事者の人たちが生者だけの世界にいるならば、書く必要がないのです。

――ほう。

手紙を受け取ったとき、拝読して正直ショックでした。本来存在しない世界がこれだけ豊かに描かれているのは、どういうことなんだろうか。これまでの聴き取りって何だったのだろう。この手紙を読んだ時の心揺さぶられる気持ちは何だろう。これらが私の心の琴線に触れました。

3　聴き取りはどこまで生活史を追えるのか

――具体的にどういう手紙の内容だったのでしょうか?

『おはよう、パパ』

声には出さずに天井を見る。

朝、アラームが鳴る前に目をさますようになったのは、最愛の夫であるあなたを失ってから。

私は、一気に歳をとってしまったような気がするよ。

ゆっくりスマホに手をのばしながらあなたを思うと、少しだけ、涙で目がうるむ。

毎朝そこから一日が始まる。

目がさめて、となりにあなたがいない現実を思い知る、朝が一番つらい時間。

（中略）

平日だったので、娘は会社に行かせていた。孤独だ、と思った。

玄関に立ったまま頭の中が白く霞んだ。そうしたら、ふいに、口から笑い声が出た。

仏壇の前に行き座りこんで、なぜだかしばらく笑いが止まらなくなった。

まったく可笑しくなんてないし、笑いたくなんてないのに。涙を流しながら、自分で止められない笑いがとても怖かった。


この手紙を読んだとき、愕然としました。これまで20年ほど聴き取りの手段を用いて対象に迫ってきましたが、たとえば冒頭にあるような本人がもっともつらいシーンは、どのようにすれば聴き取ることができるのだろうかと、立ち止まって考えざるをえませんでした。

つまり亡くなった夫の不在への悲嘆そのものではないのです。日常に深く溶け込んでいた生活世界の営みが突然断たれる。眠りから目覚めると、震災前の当たり前の日常がほんの一瞬だけ顔を覗かせます。ところが、すぐに震災で壊された世界に引き戻される朝のつらさを、この手紙は伝えてくれます。これが毎日、ご遺族が抱えている日常との向き合い方でした。たとえインタビューをしても、見過ごしてしまう事象が書かれているのです。

　手紙の後半は、娘を送り出して孤独になり、そのつらさがある閾値を超えると、ふと笑いがこみ上げて、しかも口をついて出た笑いが止まらなくなり、当人を驚かせるシーンです。これらは聴き取りでは表出しえない一瞬の出来事です。「亡き人（想像上の死者）への手紙」（次頁参照）を通じて、震災後の日常に隠された心象世界をリアルにすくい取ることができると気づきました。

――ほかにショックを覚えたことはありますか？

　そうですね。インタビューデータは双方向の創造的コミュニケーションの産物という自己方便が成り立つとしても、いかに聴き取る側のアジェンダセッティング（これを聴きたいという主題）に暗黙裡に絡めとられるのかが見えてきました。たとえ長年聴き取りの会話を重ねても、見えてこない大切な世界が、これだけあるのだと思い知らされました。手紙は、何が大切なのかということを瞬時に把握する調査方法として適していることが見えてきました。

――大切なこととは、どうしてわかるのですか？

　手紙の中身というのは、私的なことばかりで、他の人から見て必要なことは書かれていません。しかし、この手紙は生きている人に宛てて書いたのではなく、震災で突然姿を消してしまった亡き人、大切なかけがえのない家族に対する想いなのです。それは残されたご遺族が亡き人や行方不明の人に伝えたい、聞きたいことが結晶した珠玉の言葉なのです。それに近づかない限り、たとえ何を聴き取っても「表面をなぞる」ものにすぎません。

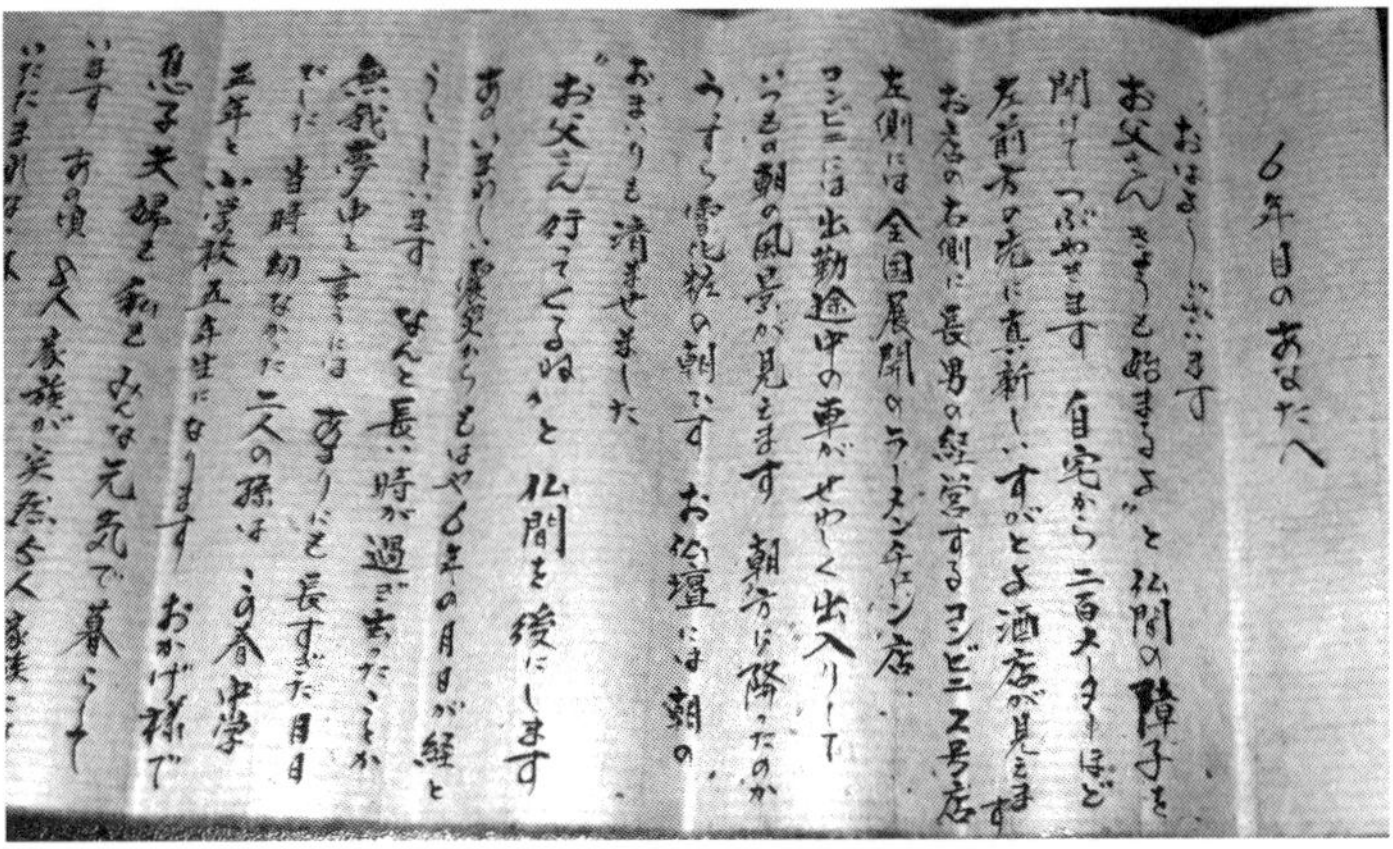

6年目のあなたへ
おはよーございます
お父さん きょうも始まるよ゛と 仏間の障子を
開けて つぶやきます 自宅から 二百メートルほど
左前方の先に真新しいすがとよ酒店が見えます
お店の右側に長男の経営するコンビニ2号店
左側には全国展開のラーメンチェーン店
コンビニには出勤途中の車がせわしく出入りして
いつもの朝の風景が見えます 朝方に降ったのか
うっすら雪化粧の朝です お仏壇には朝の
おまいりも済ませました
お父さん行ってくるねと 仏間を後にします
あの忌まわしい震災からもはや6年の月日が経とう
としています なんと長い時が過ぎたことか
無我夢中と言うにはあまりにも長すぎた月日
でした 当時幼なかった二人の孫は この春中学
三年と小学校五年生になります おかげ様で
息子夫婦も私もみんな元気で暮らして
います あの頃8人家族が突然5人家族に
いただきまし[illegible]

『悲愛』（金菱編 2017）に掲載された手紙

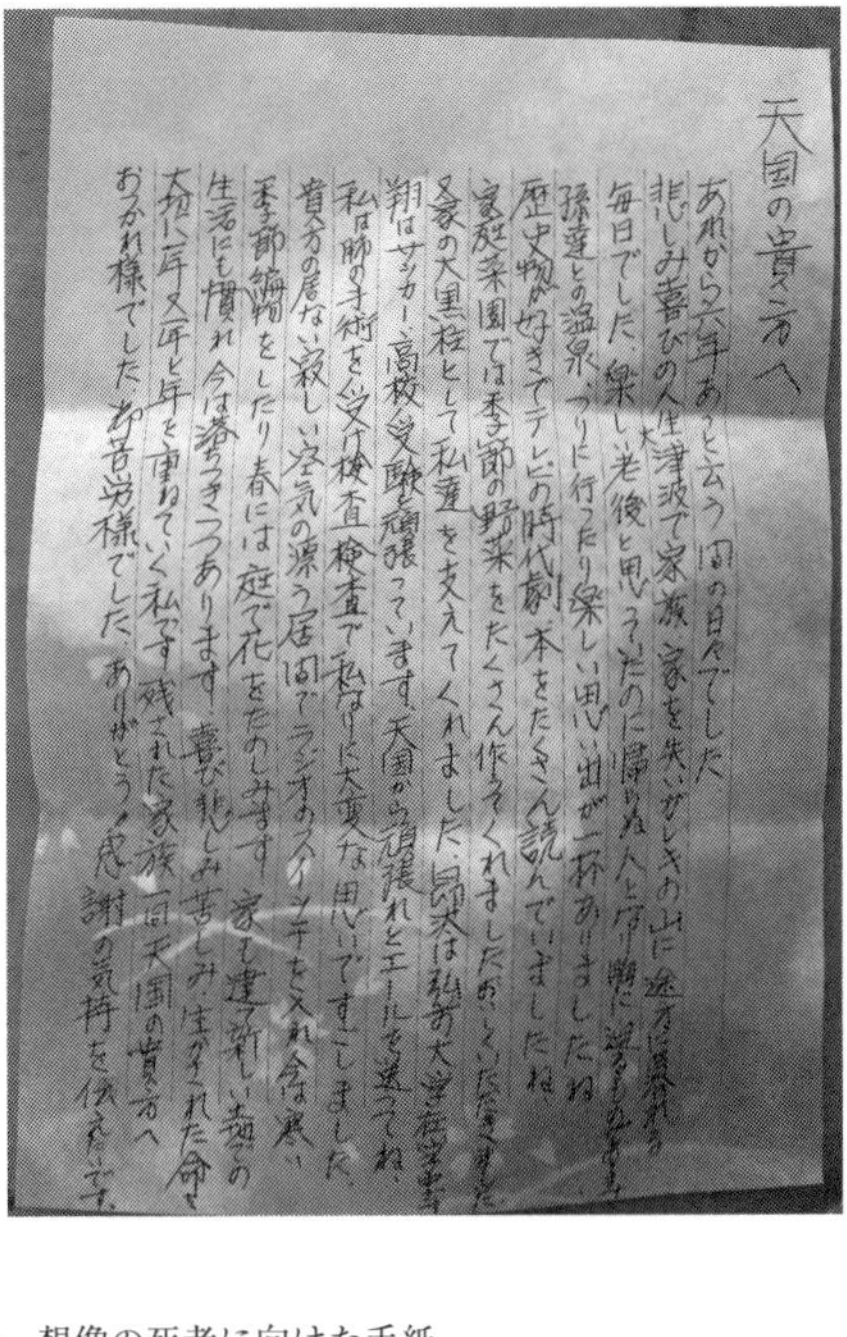

天国の貴方へ
あれから六年あっと云う間の日々でした
悲しみ喜びの人生津波で家族家を失いガレキの山に途方に暮れ[illegible]
毎日でした 楽しい老後と思っていたのに帰らぬ人と[illegible]
孫達との温泉つりに行ったり楽しい思い出が一杯ありましたね
歴史物が好きでテレビの時代劇本をたくさん読んでいましたね
家庭菜園では季節の野菜をたくさん作ってくれましたおいしくいただきました
又家の大黒柱として私達を支えてくれました 息子は私立大学[illegible]
翔はサッカー 高校受験と頑張っています 天国から頑張れとエールを送ってね
私は肺の手術を受け検査検査で私なりに大変な思いですごしました
貴方の居ない寂しい空気の漂う居間でラジオのスイッチを入れ今は寒い
季節編物をしたり春には庭で花をたのしみます 家も建て新しい地の
生活にも慣れ今は落ちつきつつあります 喜び悲しみ苦しみ 生かされた命を
大切に一年又一年と年を重ねていく私です 残された家族一同天国の貴方へ
おつかれ様でした お苦労様でした ありがとう！ 感謝の気持を伝えたいです

4　強い当事者性の氷解

――これまでの調査者に対する、当事者の苛立ちも見えてくるのではないでしょうか？

もちろん私も含めてですが、研究者、マスメディア、映像や記録でも、この奥深さで震災を日常生活に溶け込んだものとして、描けていないことになります。すると、当然被災者や遺族のなかから、「あなたに言ってもわからないし、理解されない」という反応が、暗黙裡に含まれている可能性は否定できません。

――でも、インタビューでもその苛立ちみたいなものは、すくい取れるのではないでしょうか？　あるいは私たちがするインタビューと手紙とは、質的に異なるところがあるのでしょうか？

インタビューは、第三者へ言葉で語られるのですが、亡き人への手紙は二人称の話者へ直接言葉を投げかけます。手紙は昔からあるシンプルな手段なのですが、その効果は、研究者の方向性でまとめられるのではなく、モヤモヤしていた感情を、一つひとつ当事者自身が吟味しながら言葉を選んでいく作業を含むことに特徴があります。

――つまり、当人もあまり気づかない想いが、手紙を通して表現されることになりますか？

インタビュアーに向かって話された・書かれたことは、どこか虚勢を張った嘘や建前を含んでいて「礼儀正しい＝上品な」言葉ではないでしょうか。手紙を書いたあるクリスチャンは、ふだんから日記を書いています。手紙の差異について、彼はまったく違ったものであると告白しています。神様に語りかけた手紙は、なぜ自分はこのような目に遭ったのかという疑問などを含めて、涙しながら書いたそうです。相手（神）が一切何も答えてくれないぶん、自分に対して正直にならざるをえなかったというのです。少しばかり覗いてみましょう。

頭では理解しようとしても、どうしても心や霊では理解できないのです。あるいは、「あなた」の存在を認めたとしても、「あなた」を愛するのではなく、「あなた」を憎んでしまうのです。そんな私にある人は言うかもしれません。「あなたの信仰はそんなものだったのですか？」とか、あるいは、「私はあなたよりもっと苦しいことを経験しましたけど、それを信仰で乗り越えて来ました」とか。そんなことは私にはどうでもいいのです。他人の信仰や他人の不幸自慢はもうたくさんです。これは私と「あなた（神）」の関係性の問題なのですから。

あれから六年が経とうとしています。今も私の心の中には「あなた」に対する疑いと怒りが渦巻いています。そのことを「あなた」は知ってか知らずか、私の気持ちをもて遊ぶかのように、私をいろいろなところに導くのです。なぜでしょうか？（『悲愛』金菱編 2017: 24-25 を一部改変）

――遠藤周作の沈黙ですね。尋ねるけれどもいつも神は黙っておられる。正直さですか……。

正直にならないといけない分だけ、ものすごくつらい作業を伴います。そこには、雄弁な当事者はある種存在しません。それは実際存在していればよいのですが、今は姿を見せない想像の死者です。虚勢を張れば楽なのでしょうが、それはすべてそっくりそのまま自分に跳ね返ってきます。なぜなら書き綴る相手はもう見えないし、決して口を開いて答えてくれることはないからです。インタビューのように、第三者に語りっぱなしになるのとは水準が異なってきます。つまり、私たちが前提としてきた「当事者」の考え方に力点を置くような質的手法ではなくなってきます。したがって、強いていえば、サバイバー単体ではなく、残された遺族とその亡き家族を含む関係性にまで射程に収めないと、このサバイバーの意味が表面的になりかねないとも言えます。

――それは意外ですね。「当事者主権」という言葉があるように、大きな社会の流れとしてはさまざまな社会的弱者の〝当事者性〟を重んじてそこから論を立てることが基本だと思っていましたが、それをある種突き破るという発想なのですね。

そうなんです。なぜなら、手紙を読んでわかるのですが、当事者は、とても弱々しく感情が錯綜しています。当事者自身もまだまだ震災の出来事について、明確な回答をもっているようには思えず、暗中模索です。手紙を通じて見えるのは、強い「当事者性」そのものの氷解なのです。

5　ライティング・ヒストリーの展開

手紙を書けないということ

――そもそも手紙を書ける人は書けるという意味で強いし、当事者性が十二分に備わっているのではないかと思えるのですが。

もちろん、手紙を書くこと自体つらい作業であるので、書ける人というのは強い当事者であるのかもしれませんが、実はこの手紙を依頼する過程で書けなかったり、書くことをためらってやめてしまった方がいます。

――そうか、この手紙の本は書けた人が載っているけれども、書けない人も想定していたのですね。

なぜ当事者性が揺らぐのかという話にも通底します。最終的には手紙を書いてくれた方ですが、逡巡しながら期限ぎりぎりまで待って書けなかった人にお話を聞きに行くと、次のようなことがわかってきました。普通なら時間がたてば癒されるはずですが、この方に会って話した時に、それが音をたてて崩れていく思いをしました。あるお寺さんの企画で毎年手紙を書いて3・11にお焚き上げをして言葉を天界に送ることに参加されていた遺族ですが、最初の1～2年のうちは愛娘への想いをなんとか言葉にして書き綴っていました。ところが、4～5年経つうちに言葉を紡ぐことができなくなります。

――逆ではなく？　つまり、最初の1～2年が苦しくてあとは心が休まって、書きやすくなるのではなく？……。

そうなんです。時間がたてば重くなるケースです。娘さんは亡くなられたとき、6歳の幼稚園児です。ですが、そこから5歳齢を重ねると、11歳になり、中学生一歩手前まで成長することになります。

最初の1～2年はその当時の愛娘に対して、素直に想いを言葉にします。ところが11歳になったであろう娘は、漢字が普通に読める年頃になります。すると手紙を当時のまま〝ひらがな〟で書くのか、〝漢字〟で書いていいのかそこから迷い始め、苦しくなって筆を進めることができなくなったというのです。

二重の時間を生きて

この方がいわば二重の時間を生きていることは、傍目にはなかなかわかりません。止まった時間と、そこから進んだであろう時間が並行して存在して、そのギャップが時間とともに大きくなり、その方を苦しめていたのです。高台にある幼稚園にいた愛娘が乗った送迎バスが、なぜか津波の方向に走り出し、津波火災に巻き込まれて乗っていた園児たちが亡くなりました。佐藤美香さんは、その痛ましい事件の当事者として、裁判の原告でもおられました。裁判を闘いインタビューにも物怖じせずに話す強い女性でした。しかし、手紙には次のように綴って、叶わない現実との葛藤にもがき苦しんでいます。

瓦礫の中から変わり果てた愛梨を見つけることが出来、真っ黒こげで赤ちゃん位の大きさになっていて、表情すら読み取れない位に変わり果ててはいたけど、愛梨だとママもパパもわかったよ。
本当はね、ママもパパも愛梨を思いっきり抱きしめてあげたかったけど、抱きしめたら愛梨が壊れてしまうから、抱きしめてあげる事が出来なかったの……。

抱きしめてあげる事すら出来ずにごめんね……。本当はギュ～と抱きしめて「頑張ったね」って言ってあげたかった……。（中略）

……せめて、愛梨を抱きしめてあげながら一緒に旅立ってあげたかった……と思っています。

（同上：7-8）

またある女性は、6年経ち、悲しみの現実に蓋をしていたことに気づき、手紙を書いたらあの日の悲しみに戻って前に進めなくなる不安に苛まれながら、亡き妹へ次のような手紙を綴りました。

いっくへ。

まさか、こんな形でアナタに手紙を書くなんて、あの頃は思ってもいなかったね。

もうすぐ六年か……

実は、いまだにアナタがもう帰ってこないってことが信じられないよ……

あの頃、毎日他愛もないことを話して二人で笑ってたね。

一緒に買い物行ったり、映画観たり、旅行にも行ったし、二人で飲みに行ったり、楽しかったね。

まさか、こんな事になるなんてね……

最近、アナタの同級生や友だちが結婚したり、出産したという話を聞くと、嬉しくて胸が詰まってしまう。
ついついアナタと重ねてしまってね……
アナタはどんな人と結婚したんだろう。
アナタの子どもはどんなに可愛いかったろう。
と、途切れてしまったアナタの将来を思ってしまいます。
アナタは私達の兄妹の中で、一番遅くに産まれて、一番早くに逝ってしまうんだもの。
順番が逆でしょ！（同上：153-155）

――震災記録のようないわゆるサバイバーによるフォーマルな記録は、書きたい人ばかり、積極的に残したい人ばかりの記録ということになりますか？　書けない理由としては、抑圧的な意識が働くことがありますね。

彼女は「ほとんどインタビューで質問されるのは、どういう風に亡くなったか実況的な説明ぐらい」と冷やかして言っています。「その人に対してどう思っていたのかは、それこそ感情に蓋をしめていたくらいだから、言う機会もないし、言うべきじゃないと思っているし、言えない」と答えています。本人の意識からも抹消される傾向について、社会学者の有末賢は、「語りにくさ」は語りにくいからこそ、人生を支えていて、語られることだけを見るのではなく、歯を食いしばって、言葉にならないことを想像することによって、残された遺族がかろうじて生きていくのであるという含蓄のある言葉を残しています（有末2013）。私たちの取り組みはそこにいま一度踏み込んで焦点を当てる試みだったのだと思います。

――それをあぶり出す流れが手紙だということになるのですね。

手紙は、宛てた人に絞って感情を表したりぶつけたりする、わかりやすい手段だと言う書き手の方もいらっしゃいました。そして「やられた感がある。七回忌に早くても遅くても駄目だった。書いていてよいタイミングだなって思った」と振り返る人がいたことを考えると、ある程度の時間をおいてそれが一番高められるタイミングをみはからって、手紙を書く必要も見えてきます。

――手紙の中身はこれこれを書いてという形で、何か指示されたのですか？

していません。内容を指示できなかったのは、亡き人とそのご遺族は個別で私的な関係なわけですから、あらかじめ調べようがありません。もっとも何十年付き合っていて関係ができあがっていれば別ですが。従来の歴史資料にもとづく文書資料中心主義では、調査者の不介入によって、できるだけ客観的な史実にもとづく歴史を目指す。口述記録などのオーラル・ヒストリーでは、当事者の主観的な世界観を明示していきます。その意味では、調査内容への介入です。

――考えてみると、それが量的な調査に対する大きな違いでもあったし、資料主義的な歴史とも異なっていますね。

そうなんです。手紙の方法は、振り返ってみると、調査者による調査内容への不介入を結果として選ぶことになります。二人称と自己との対話という形式になります。

一人称（私）が二人称（あなた）へ手紙を書く

――私たちが被災者に「寄り添う」というキーワードがあると思いますが、この手紙の内容を聞いていると、少し違うような気がしてきました。

第三者に対する言葉ではなく、手紙の中で「あなたへ」という言葉で呼びかけているために、たとえ寄り添うとしてもそれは無理だとすぐにわかります。仮に寄り添おうと思って手紙を読み進めても、その人の気持ちに感情移入して、ほどよい距離感はとれないのです。

――それは興味深いですね。死別を考えるとき、言葉の持ち方ではなく、そういう感覚になるということですか。

日本思想史の子安宣邦は、本居宣長論を踏まえ、人の死が悲しいのは、私たちが人間の感情経験からなる世界に織り込まれるからで、織り込まれていない場合には、人の死の悲しさも感じることすらないと考える。もののあわれを知ることは、人間の感情経験の世界に根ざした人の心のあり方をいう（子安2005）ともおっしゃっています。

私信だとしても、「寄り添う」立場の不確かさ（氷解）がここで起こっているのだと言わざるをえません。なので通常オーラル・ヒストリーが想定しているような「寄り添い」や「相互作用」「創造的関係」はここでは成立しません。

なぜなら、これらは、インタビュアーと話者が一定程度の距離（まわい）をとったときに成立する言葉だからです。したがって、距離がゼロになれば、そもそも関係などつくれるはずはありません。

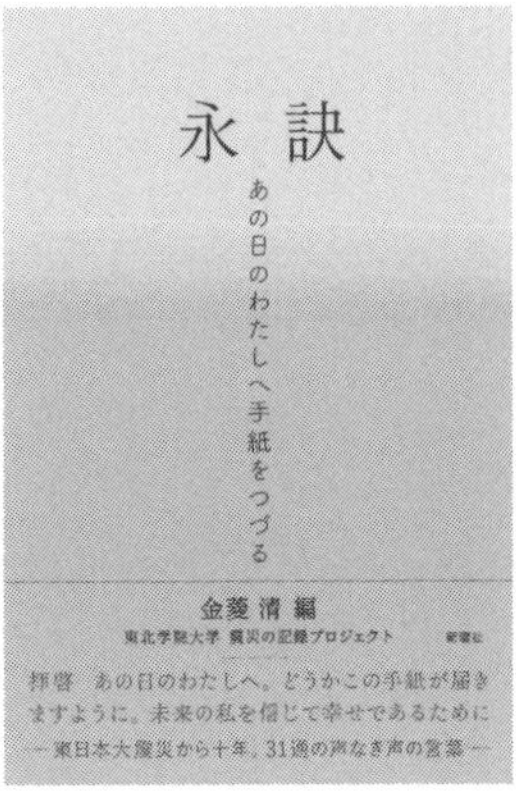

個別的でごく私的な感情は、インタビューや記録では災害に関係のないものとして省かれる傾向を強く持ちます。

――この手紙プロジェクトの後に、「10年前（発災時）の自分に向けて手紙を書く」ライティング・ヒストリーを展開されましたが。

『永訣――あの日のわたしへ手紙をつづる』（金菱編 2021）という書を、学生たちとまとめました。「あの日から10年の時間を過ごした自分から、当時の自分に対して手紙を書く」という趣旨のもと、様々な境遇、被災をした方々に手紙を書いていただいたのです。母親を亡くした被災者でもある私のゼミ生とその家族も寄稿し、「ふだんの生活では間違いなく汲み取ることができない想いは、手紙というフィルターを通したことで見ることができるようになったのである。改めて「書くこと」への意義を強く感じた」と述べています（牧野 2021: viii）。

第三の質的調査を求めて

――以上の手紙をまとめることで見えてきたことから、どのようなことが言えそうでしょうか？

私は、それを「ライティング・ヒストリー」と呼んでいます。ライティング・ヒストリーは、サバイバーである当事者自身が自らの手で意味のある「歴史」を刻む新たな実践です。あらかじめ書かれた（written, recorded）ものがあってそれを分析する文書資料主義ではなく、書こうとする（writing）意思に重点を置く。本人ですら理解できずに悶々としていた感情を、自分の中で咀嚼しながら、それをなんとか理解可能なものへと導いてくれる。そのことで、これまで歴史の中で沈黙を強いられてきた問題が何であるのかを明らかにする試みです。

文書資料主義やオーラル・ヒストリーは強い意味で実証できるということで、両者はコインの裏表の関係にあります。

――つまり、他者の理解？

社会学はしばしば「他者理解」だという謳い文句があります。『質的社会調査の方法』（岸・石岡・丸山 2016）は副題にずばり「他者の合理性の理解社会学」と謳っています。質的社会調査には、当事者はどこかで現象についてわかっていて、たとえ周りの目から見た時に不合理なようにみえても、当人の世界においては合理的な理屈で把握されていて、インタビュアーである研究者は自分の合理性の枠組みではなく、敷居を下げてそれを理解するという暗黙の前提があります。

けれども当人が本当に合理的な理解ができていたら、こんなにサバイバーである遺族の方が苦しんでいないと思うのです。災害で遭遇した不条理や亡き人への想いがすっきり理解できないからこそ、懊悩しているのではないかと考えるようになりました。手紙を拝読すると、なんとか言葉にした過程がわかり、あるいは逆に沈黙している意味を知ることができます。

――すると「沈黙の歴史」ですか。

資料中心主義で成り立ってきたいわば強者の歴史に対して、オーラル・ヒストリーは市井の弱者の社会史を描き出してきました。ですが、その語りの強さ（当事者性）の陰で隠されていたのは、語らない人びとの存在です。それを手紙という手段によって、かろうじて写し出すことが可能になるのではないか。ライティング・ヒストリーは、インタビューに内在する距離を可能な限りゼロにした、第三極のサバイバーによる歴史ではないかとみています。

——どうもありがとうございました。

第Ⅱ部　霊性論

第6章　幽霊――〝さよなら〟のない別れ

1　タクシードライバーの幽霊との邂逅

言葉では表現しえない何か…

被災者の抱える罪深さや震災の不条理は必ずしもインタビューの語りに現れるのではなく、被災者当事者が言葉にすることが難しい状況のなかで、何かに仮託して表現されることがあるのではないか。そう深く考えさせられる出来事があった。それを幽霊と夢についてみていこうと思う。

私たちのプロジェクト『呼び覚まされる霊性の震災学』（金菱ゼミナール編 2016）は、災害や被災地の死生観への見方を抜本的に変えたと言われている。人びとの耳目は移ろいやすく、ボランティアなど当初の熱狂的な支援はすっかり影を潜め、地域によっては震災報道すら拒否する姿勢を鮮明にするメディアも少なくない。そのような中にあって、２０１６年1月20日、「被災地、タクシーに乗る幽霊　東北学院大生が卒論に」という朝日新聞の宮城版記事（石橋英昭記者）が、全国紙と朝日デジ

タル版に掲載されると、わずか3日でFacebookで2万件を超える記事のシェアがなされ、旧Twitter上でもおびただしい数の投稿があげられた。その後yahoo/記事（当時BuzzFeed Japanの石戸諭記者）にもなり、世界にも配信され、アメリカやイギリス、ロシア、ブラジルなど世界を駆け巡った。

興味本位でただ閲覧したのではないかと思われるかもしれないが、書き込みの内容をみると、意外なほど好意的かつ真摯に受け止められていることに気づかされる。たとえば、

「理不尽な死に方をした思いの蓄積と残された人々の居たたまれない思いの輻輳が、恐らくは人間に心霊的な現象を見させるのだろうと考えられる。記事にもあるように、恐ろしい体験でなく畏怖すべきものとして感じていることがポイントであり、そこには死者に対する慈しみが込められている（男性　愛知県）ライブドアブログ2016.1.31」

「最初の章から、涙が止まらず、これは読み終えるのに一ヶ月くらいかかりそうです。命というものへの深い愛情を私達は忘れていないのですね。一人の死には、その人の人生だけでなく、その人生に交差した実にたくさんの人生がかかわります。多くの涙と無念と諦観が、愛情の中に無数の星のように輝きます。幽霊が存在するかどうかの話ではなく、無理やり終えねばならなかった人生の、命の無念と、それを乗り越える強さの根源が、そこにあると思います。野田@メンタルコア

Amazon 2016.1.31」

などである。

当時、震災報道において情報が半ば飽和していたなかにあって、何が人びとの心を打ったのだろうか。本章では、被災地の幽霊現象等の事例を手がかりに、私たちの死生観にまつわる宗教的古層である霊性の展開を考えてみたい。結論を先取りすれば、生と死が未分化ななかで贈与関係として生者と死者が交わす契約を考えることで、親密化する死のあり方が見えてきた。

幽霊との邂逅

ひとつエピソードをあげてみよう。

タクシー回送中に手を挙げている人を発見して車をとめると、マスクをした男性が乗車してきたが、恰好が冬の装いの青年で、ドライバーが目的地を尋ねると、「彼女は元気だろうか?」と応えてきた。知り合いだったかなと思い、「どこかでお会いしたことありましたっけ?」と聞き返すと、「彼女は……」と言い、気づくと姿はなく、男性が座っていたところには、リボンが付いた小さな箱が置かれてあった。ドライバーはいまだにその箱を開けることなく、彼女へのプレゼントだと思われるそれを、常にタクシー内で保管している。

これからも手を挙げてタクシーを待っている人がいたら乗せるし、たとえまた同じようなことがあっても、途中で降ろしたりなんてことはしないよとインタビューに答えている。そして、いつかプレゼントを返してあげたいそうだ。

別のドライバーも、直後は怖くてたまらなかったが、誰にも話さず、自分のなかだけで大切にしまっている。(『呼び覚まされる霊性の震災学』1章から要約。工藤 2016: 7-17)

なぜ幽霊はこの世に出てくるのか。通常の場合であれば、契約の不履行によって説明することができるだろう。宗教史の研究家である佐藤弘夫は、江戸の幽霊譚を紐解きながら、次のように説く。死者の領域を墓地や仏壇に限定することによって両者の生存空間を分節化し、現世への死者の自由な越境を防止する契約を死者と生者が交わしてきた。ところが、江戸時代に都市の人口が増加し、人間関係の希薄さから家が断絶するなどして供養する人物がいなくなって無縁仏が出てくると、死者の側から見れば、生者による一方的な契約不履行となり、幽霊として現れる(佐藤 2015)。

しかし、この幽霊譚は、必ずしも契約不履行型の幽霊の出現ではないところが、人びとの共感を呼んだ。その背景には、4つほどの要因が考えられる。1つめは、幽霊の記事が不確かなものではなく、あるかもしれないというリアリティをもって受け止められたこと、次に、おどろおどろしい祟りや怨念を持った幽霊のイメージを覆して、最初は怖がっていたタクシードライバーが温かくそれを迎える意外性があったこと、3つめは、被災地外の人びとが新しい被災地像を求めていたこと、最後は、死者との別れは誰かしら経験していて、自分に引き付けて我がことの関心として受け止めたことがあげられる。

被災地からの根源的な問いかけ

実践的な宗教やそれを分析する宗教学では、現場と乖離、あるいは現場を救い取る言葉が不足しているように思われる。それは次の被災地の言葉が象徴している。「……でも沢山の人達の命が今もここにある事を忘れないでほしい。死んだら終りですか？　生き残った私達に出来る事を考えます」(金菱 2016a: 75-80)。

人は死んだら終わりなのだろうか。純粋科学では、物言わぬ死者を、物質として扱うこともできる。たとえば、岩明均の漫画『寄生獣』には次のような印象的なシーンがある。人間に寄生する異生物の影響で、半ば人間の心を失ってしまった主人公は、なついていた子犬が亡くなるまでは温かく抱きしめていたが、その子犬が生物学的な死を迎えると、まるでそれまで生きていた生物ではなくその辺に落ちていたモノを扱うかのように、子犬をつまんでゴミ箱へと捨ててしまった。

その光景を見てしまった、主人公に対して恋心を抱いていた女性の様子が何だかおかしかったので、それを変だなと思った主人公はとっさに「清掃の人がこまるかな？」と発言をする。これを聞いたその女性が興醒めしてしまう。そしてさらに彼は、女性に対して「もう死んだんだよ、死んだイヌはイヌじゃない。イヌの形をした肉だ」と言い放つ。

つまり、このシーンは逆説的に、人間が人間として存立する基盤そのものを提示している。人が亡くなって単なる骨、つまりリン酸カルシウムになってしまえば人間としては終わりで、そこにはなんら特別な感情を抱くこともないと表している。しかし、私たちはここに違和感を抱くことになる。たとえ亡くなってしまっても終わりとはいかないのである。実は宗教者にとっても、東日本大震災は、従来の死生観をそれほどまでに覆すものだったように思われる。実際、宗教者は震災の現場で死への対処を迫られて狼狽し、懊悩している。

たとえば、河北新報社が連載を行った『挽歌の宛先』(河北新報社 2016)には、日本基督教団の牧師が、追い詰められていく様子が描かれている。震災を経験する前までは、「どんな時も神の愛は変わらない」と説いていたが、震災後、神と向き合うことができずに、納得できる説教ができなかったり、「震災でなぜ友人がなくなり、自分が生き残ったのか」という問いかけに、懊悩する姿を描きだしている。

東日本大震災が突きつけた問題は、津波による数多くの行方不明者に端的に表れているように、私の愛する家族はどこに行ってしまったのかという問いであろう。もちろんシンプルな解答として、亡くなった事実を遺族が納得するための対処を担う、宗教の役割が考えられる。しかし、この亡くなっ「た」という過去完了形にするためには、いかなる処理が必要であろうか。通常はご遺体の確認であるが、行方不明のためにそれも叶わない。遠方で離れて暮らす肉親としばらく話せない場合と、あの日以来愛する家族と連絡がとれず、話せない場合は、何が違うのだろうか。

この問題に正面切って臨んだのが家族療法家であるポーリン・ボスである。ボスは、9・11テロ、災害や戦争の遺族へのインタビューを通して、「曖昧《あいまい》な喪失」という概念を提起する（ボス2005）。「曖昧な喪失」は〝さよなら〟のない別れとして、死者がいて、葬儀そして土葬や火葬という埋葬の象徴的な儀礼によって送り出されることを「明確な喪失」と呼び、それと区別して、「曖昧な喪失」は、その状態が最終的か一時的か不明であるため、残された人びとは困惑し、問題解決に向かうことができないという状態を定式化させた。

戦争や災害、飛行機事故などにおいて、大量死という現実を避けて通ることはできず、行方不明者の遺族にとって、死とはご遺体があがらないままの実感のわかない死である。生者とも死者ともつかない保留状態の死を私たちはどのように考えるのか。突然、家族にさよならもいわず逝ってしまった挨拶のない別れなのである。だから家族は、いまだ自分のもとに現れない人に会ってみたいと切に願っている。このような状態の継続は生者にとっての危機であるとともに、死者の魂にとっても危機であり、二重の不安定さを抱えているといえる。

仮預けの論理　曖昧なものをそのままに

死者の魂を送り出し、鎮める儀礼として、通常は葬儀や慰霊祭のような宗教的儀礼がある。これは、彼岸の側に立った鎮魂の対処法である。しかし、行方不明者を多く抱えるような大震災では、いまだ彼岸にいない死というものに対して、通常の対処法は不向きとなる。行方不明とは、生死が定かでない状態が長期にわたって続くことにある。だからこそ、ボスはそれを「曖昧な喪失」と名づけたのである。

ボスは、曖昧な喪失が長期にわたり深刻なストレスフルな状態を引き起こす一方で、曖昧な喪失を経験した人びとが人生を「前進させている」という事実についても注意を払っている。

このことを、私たちの日常生活の感覚に置き換えてみよう。哲学者の内田樹は『死と身体』のなかで、私たちは処理できないことを「中間項」という形で無理せず処理しているという（内田 2004）。たとえばパソコンでは、整理が終わり不要になったファイルはトラッシュボックスに捨てる。必要なものはフォルダに保存する。しかし、どちらとも処理できない場合、デスクトップに一時保存して置いておく。このデスクトップに借り預けをしていく領域が中間項である。スマホのメールでいえば「その他」のフォルダや受信箱にとりあえず残しておくのに近い。つまり、曖昧なものを肯定的にとらえているのである。この未処理のまま残す選択は、とりわけ行方不明の彷徨う魂を扱う際に重要であるだろう。

幽霊に対する従来の宗教的見方

私たちは幽霊の実在の有無については態度を保留してきた。幽霊は実在するかもしれないし、いないかもしれない。けれどもそれはどちらでもよい話で、当事者がそのように考えていることに寄り添って考えてみると、そこにどういう意味と実践的な意味が込められているのか、ということを民衆の宗教観から見出すことができる。

宗教人類学の佐々木宏幹は、宗教の役割として、東北地方の幽霊が安定化し、人びとを惑わせることがないように、(1)不安定で迷っている死者たち、ねたみや恨みの感情を抱いている祟る死者、障る死者、成仏・往生できずに苦しんでいる死者から、(2)落ち着いて安定している死者たち、安らかな死者、成仏した死者、子孫を見守り援護する先祖、へと変化《へんげ》させることが求められるという（佐々木 2012）。

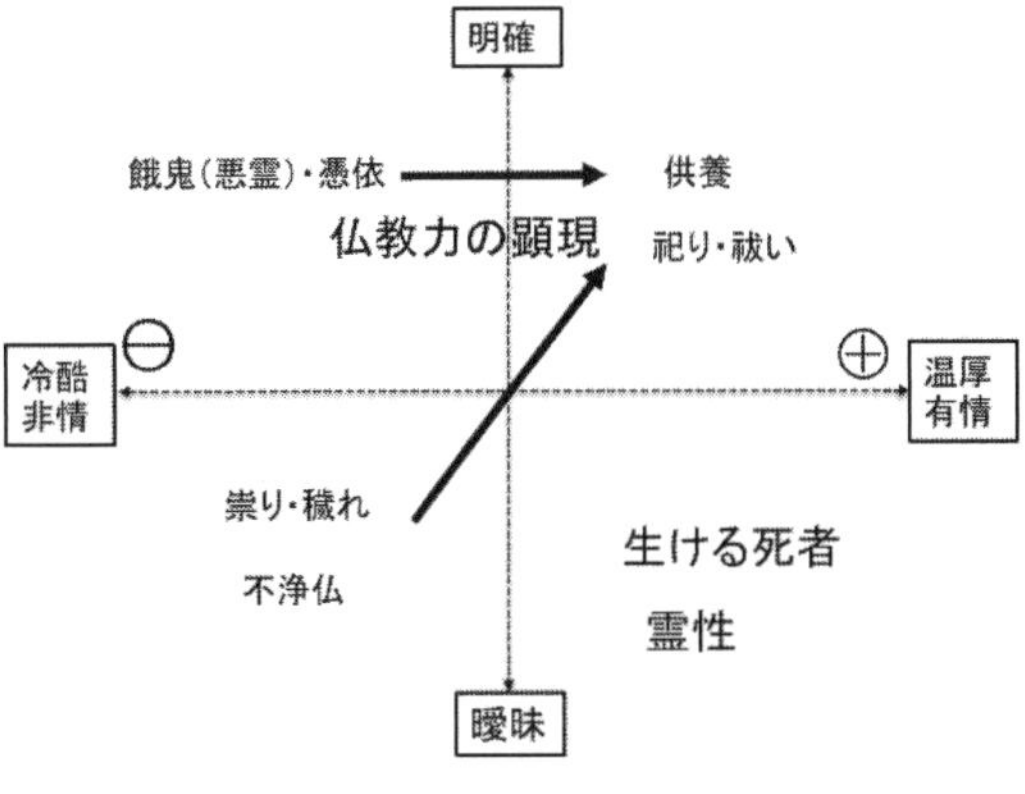

生と死の境界性（縦軸）と死者への感情度（横軸）

幽霊をどのように位置づけるのかというと、不安定なマイナスの死者として、現世から退けられる存在として描かれていることがわかる。救済システムとしてとらえると、怨念を残し苦しむ死者の救済を、身内の死者への孝養《きょうよう》と結びつけるという、仏教の民衆への歴史的定着過程をおもな基盤とする見立てであろう。

この図式は、私たちにも理解されやすいし、曖昧な喪失を縮減する処理のしかたであり、一定程度の効力を発揮する。たとえば事実、被災地の現場では、御施餓鬼供養と浜祓いという儀式がある（川島 2012）。そこでは不浄な施餓鬼となった死者を一堂に呼び寄せて、祓って清めたうえで海に帰すことを行っている。そうすることで、たとえ千年ぶりに訪れた想定外の災害であったとしても、行方不明者の多い遠洋漁業者の事例にあてはめながら、従来の文化的、宗教的救済システムの装置に乗せて、未知の事態を解消しようとする。すなわち死者を、穢れや祟りを祓い、祀り、供養するべき対象としていると、とらえることもできる。そのことで初めて、清められた海の漁に出ることが可能となる。

他方、先に示した実際に現場で生じている幽霊との邂逅の事例は、従来のあり方とは異なる。先祖供養でもなく、死者供養でもない。生者と死者の間に存在する曖昧な死は、祟るだけの不安定なマイナスの死者という位置づけでもない。

もし幽霊が祟る死者であるならば、運転手は二度と出てくるなと懇願しながら合掌したり除霊などしているはずである。それに対して、再び現れたとしても温かく迎え入れるという語りは、幽霊との邂逅をむしろ歓迎している。当事者にとって、自分のペースで一時預けできる、生ける死者のあり方を示している。この事例は研究上、曖昧な喪失の中身をむしろ温めて、意味を豊富化させる方向に動き出している宗教的萌芽と、見ることができる（幽霊をめぐる見取り図を参照。金菱 2020: 198）。

2　震災が拓いた宗教的古層

死の定点のズレ

ここで、幽霊との邂逅から見出された宗教的萌芽の意味づけについて、まとめておく。結論からいえば、制度化された宗教以前の生と死が未分化な宗教的古層が、未曾有の災害を契機に現代社会に発現している状態であるといえる。通常の安定期ではシステムが私たちの目の前にあるので、その下に埋もれているものが何であるのか見えにくい。しかし、大震災は、津波により私たちの拠って立つ現代文明をまるごと浚ったのみならず、従来の宗教システムもある意味取り除かれ、それとは異なる顔を覗かせたのではないだろうか。

つまり、津波のために、あまりにも多数のご遺体がそこに存在し、宗教者によって一人一人を丁寧に弔い、墓へ納骨し、彼岸へと送り出す儀礼が、心情的にではなく物理的に叶わなかった。さらに、行方不明者の存在によって死への定点が大幅に揺り動かされ、生と死を隔てる審判に人間の介在する余地を大幅に生み出した。そのことによって、ふだんは全幅の信頼をおく神仏の救済を疑わざるをえなかったことは、現場の人びとはより根源的な宗教的発露を希求した表れであろう。

慰霊と墓の新たなあり方

宗教的発露を一段深い層で見出すために、他の事例をここでは紹介しよう。私たちのプロジェクトでは、大震災後に建立された慰霊碑や墓の再建の位相にも迫った。2点に絞って取り上げることにしよう。

まず、慰霊碑が数多くの津波の犠牲者を悼んで各地に造られた。宮城県内に絞って沿岸各地を調べた菅原優は、「記憶型」というひとつの特異な慰霊碑を発見する（菅原 2016）。その他の慰霊碑は、社会学者の今井信雄による分類によって「追悼型」と「教訓型」とに整理できる（今井2001）。追悼型は、亡くなったという過去の犠牲者を悼むための慰霊碑のあり方である。他方、教訓型は、このような犠牲は将来出さないように、後世に向けて語り継ぐ継承の役割を担っている。

この2つの型に対して、名取市閖上中学校跡地にあった慰霊碑は、犠牲者の名前が刻まれた表面が斜面になっており、誰でも手で触れやすいという特徴を持つ。遺族は、誰も近づくことのない冷たい石ではなく、子どもたちが寂しくならないよう、人の集う場所に建立した（のちに閖上プラザ内に移築）。子どもは神様として拝む対象でもなく、守護神化する慰霊碑に対して、死者を祀り上げて拝むようなことはせず、わが子を抱きしめるように、死者との距離を限りなくなくす。菅原は津波によって思い出も流されたなかで、慰霊を介して子どもたちのことをつなぎとめる方法として「記憶型」の慰霊碑と名づけている。

もうひとつの墓のあり方であるが、津波により元集落が墓ごと流された地域では、新しい移転場所に墓を再建する。元墓があった場所には、慰霊碑を建てる。この慰霊碑に墓の意味合いを重ね合わせている。それは、津波によって遺骨が砂に還ったと考えると、いまだに元墓に先祖がいるという気持ちが根底にあるからである。それはちょうど、埋め墓と詣り墓という両墓制の関係に相似しており、人びとが慰霊碑と新しい墓の両方に合掌することで、安堵できるとしている（斎藤2016）。

以上みてきたことと、幽霊との邂逅とを重ね合わせていくと、いずれも死穢として死を忌み嫌うのではなく、生と死の未分化がみられる。いわば、死が死として観念されておらず、忌む対象や恐怖の対象ではなく、むしろ〝親しみのある存在〟であることを前提としているかのような人びとのふるまいなのである。

葬儀の儀礼が、死者をこの世から切り離して、非日常的な領域である、あの世＝彼岸に移行させて安定を図る行事であるとすると、被災地で目撃される幽霊は、死後に肉体を離脱した霊魂であり、いまだ成仏しえないためこの世に姿を現す実態といえる。この図式は一見するとわかりやすく、死者を穢れや祟りから祓い、祀り、供養するべき対象として捉えることもできる。しかし、津波に攫われ、行方不明者を多く出した現場で生じている事例は、それを乗り越えるものである。生者と死者のあいだに存在する曖昧な死は、不安定かつ両義的な生／死の中身を消さずに豊富化し、そのままでよいとして当事者が肯定的に受け止めている。実はこのことは、従来の宗教観からはあまり説明がつかない。

宗教学者の池上良正は、生者と死者の関係の綱引きを、苦しむ死者への対処法として二つのシステムを説く（池上2003）。ひとつは、〈祟《たた》り―祀《まつ》り／穢《けが》れ―祓《はら》い〉システムで、仏教インパクト以前から系譜をもつ在来システムである。自分たちよりも強い死者を、祟る霊威（神）として祀る懐柔策が祟りと祀りであり、自分たちよりも弱い死者を、穢れた霊威として祓う排除策が穢れと祓いである。もうひとつは、在来のシステムを否定する〈供養―調伏《ちょうぶく》〉システムで、仏教インパクト以後の後発システムである。仏教の追善供養などの儀礼によって「浮かばれない死者」を救済、成仏させ、仏法の力で善導する調伏によって死者の魂を鎮める。〈供養―調伏〉システムへの移行によって、生者と死者の関係は生者優位になり、鎮魂や慰霊の儀礼によって死者を彼岸に送り出し、生者を日常に回帰させる。
しかし、前述の幽霊譚では、もう一度幽霊を乗客として乗せてもよいと、死者を忌避することなく、招来しているといえるだろう。祟る死者ではなく、親しみのある死者の現れであるならば、私たちは、仏教インパクト以前から系譜を持つ在来システムよりもさらに前へと遡り、その発生源を位置づけ、生と死が未分化な宗教的古層の発現をみなければならない（金菱 2016a: 87-89）。

贈与関係としての〈助力―感謝／負い目―償い〉論

文芸批評家の喜山荘一は、この幽霊譚や記憶型の慰霊碑にふれて、死者との関係のあり方が、縄文の「あの世」のあり方と相似しており、死者を祟りや穢れと見なして供養するなど、現在は縄文期からはるかに遠ざかっているが、それでも心の層としては縄文期の感じ方を色濃く持っているとする。

喜山は、琉球弧の他界観（喜山 2015）に照らして、私たちのプロジェクトの知見を踏まえながら、〈助力―感謝〉をつけ加えることを提案する（喜山 2016）。いわば、死者は生者と共にあり、助けてくれる存在である。だから、死者に感謝する。死者は祓い取る何かというよりも、傍で寄り添って囁いてくれる不可視な存在である。

もちろん、〈助力―感謝〉論は震災後の死生観を的確に言い当てているが、そのようにものわかりのよい死者ばかりというわけにはいかず、生者に重くのしかかる存在でもあることは、現場からすぐに事例が出てくる。しかし、この反論が即座に〈助力―感謝〉論を否定はしない。それがもうひとつの側面である〈負い目―償い〉論である。生者は、この震災であの時こうしておけばよかったという申し訳なさでいっぱいの感情を、今日もなおずっと持ち続けている。助けられなかったという死者への負い目である。死者への罪を負っているので、終生その借財を返済しようとする。それが償いである。この負い目を拭うことによって、償う方向へと向かうことになる。

いっけん〈助力―感謝〉と〈負い目―償い〉は相反するように見えるが、生者と死者との関係性からとらえた場合、コインの裏表の関係である。死者が生者である遺族に対して正負の贈与を掛けているので、それを返す役割を生者が担う。すなわち、〈助力―感謝／負い目―償い〉論は、生者と死者との贈与関係、すなわち与え、与えられる関係として一括りにとらえることができる。いわば、死者が残した生者への感情は、生者が苦しみながらもそれに応えて返すことで、生きるよすがとなっている。

この贈与関係で結ばれた生者と死者は、生と死の分離による他界の遠隔化を拒み、生と死の近接する「親密圏」へと、関係性を変化させることになる。

3　幽霊を受け容れる人びとの心性

協同する不可視な隣人

肉体的には遺族のもとに戻ってこないが、意識あるいは無意識に生き続ける存在、つまり「生ける死者」をどのようにとらえるのか。批評家の若松英輔は、死者は目には見えないが、見えないことが悲しみを媒介にして、実在をよりいっそう強く私たちに感じさせるとして「生ける死者」と名づけている（『魂にふれる』若松 2012a: 21）。彼は「協同する不可視な「隣人」」という言葉を手がかりにして、生ける死者について自身の体験を踏まえながら実感を述べている（若松 2012b）。

死を他界に送ることなく、自身の生きる世界に引き受けておくことは、まず贈与交換による死者からの給付によって、助力なり負い目を受ける。そしてそれを受けて返済義務として感謝や償いの感情が生じる。この契約関係によって、死者との関係がより密接な親密圏として生み出されることになる。この親密圏、すなわち死者を取り込むことで、死者は人格の継続性を担保される。「協同する不可視な「隣人」」という死者との近接性は、たとえ亡くなったとしても亡き人の人格を生前のまま引き継ぐことになる。

一例をあげよう。いまだ行方不明の母親のことを、息子は今ではご遺体や骨が見つからない行方不明のままでよかったという理解をしている。それは、母親らしいというもので、理由は母親の職業が美容師だったので、「きっとお母さんは（美容師だから）きれいなまま亡くなったんだよ」という解釈をし、浜辺のテントで寝ていると外で砂を踏みしめる足音がして、それを姿が見えないが確実に母親が会いに来たんだと言う。また、息子さんが行方不明だが亡くなったと思われる母親は、墓前に供えてあるものが、風もないのに3回も倒れたことを指して、「彼はいたずら好きだったから、きっと今回もいたずらをしにきたのだ」と言い、「生きている人の方がよっぽど怖く、死んだ人たちが出てきても、ちっとも怖いとは思わない」と考えている。

その人が持つ生前からの人格（パーソナリティ）を汲みとる形で、死後の世界に投影させているのである。死者を送り出しているとすれば、来世なり彼岸に死者が存在し、人格は断絶しこの世に影響は及ぼさない。あるいは復讐する他者として、幽霊となって現出することもない。つまり他界の遠隔化から死者の親密化に伴い、死後もなお「協同する不可視な「隣人」」として人格を失わずに生き続ける存在となることができる。

温情ある死者観への変遷

死者が〝現在進行形〟であたかも生きているかのようにふるまう人びとは、霊との邂逅の先に、現世では本来存在しないものを立ち上がらせる。

幽霊能（夢幻能）を調べた今泉隆裕は、幽霊能には超自然物が主役として登場するが、能の幽霊は歌舞伎の「お岩」や「累」のような祟りはなく、怨言も希薄であると述べて、温厚な死者観、つまり「苦しむ死者」観がなぜ採用されたのか、背景を探る（今泉 2009）。今泉によれば、中世後期の能の庇護者は殺生を生業とする武将たちであり、十分に祟りに怯え、身に覚えがある人々であったこと、彼らの寵愛を得ようとするならば、非業の死を遂げた「祟る死者」を能の舞台に上げるわけにはいかず、苦しむ死者という温厚な死者を舞台化して能に仕組んだ（同：95）と述べ、武将たちが罪責の念の深さから平和を希求していたという黒田俊雄の解釈を紹介している（同：98-99）。「祟る死者」観を退けて、幽霊能の送り手であるシテの霊が、受け手の武将たちの精神世界と深く共鳴していたことを確認するうえで貴重である。

つまり、幽霊能での苦しむ死者、歌舞伎での幽霊の祟りや怨霊譚の呪い、現代の被災地での幽霊への共感や助力など温情ある死者観への変遷は、いずれも死者と生者の体験の共有がベースとして存在する。

親密な死者と人格の継続

生と死が未分化のなかで生者と死者が交わす贈与の契約関係をみることで、生者と死者の世界が明確に区分されて、他界の世界に向けて、生者が他者としての死者を送り出す関係から、生者と死者が狭間を超えて近接し、親密化する関係性を、本章で問うてきた。

親密化する関係性では、〝現在進行形〟で生き続ける「生ける死者」が存在することができる。それは譬えていうならば、われわれの住む世界は通常、時間は戻らないという意味で不可逆な線形パラダイムをもつ。そして既成宗教ではこの不可逆性を確かなものとして推進し、死者を足早に他界に送り出し、安定した強固な基盤としてきた。

しかし、この震災ではそこに長期にわたって亀裂が入り続けた結果、不可逆な線形パラダイムに転換（シフト）が生じたのである。それはあたかも焼き魚がぴちぴちした跳ねる生魚に戻るかのように、生き続けることができる存在を生み出したのである。

かつて人類学者のターナーは、『儀礼の過程』のなかで、リミナリティという概念を用いて、宗教的儀式と通過儀礼について2つの位相の間にある過渡的な状況を取り上げた（ターナー 1976）。敷居（境界）の上のものたちの属性は、例外なく、曖昧で不確定であるとし、時間のウチとソトの瞬間に位置づけられることで、社会構造の一部ではないが、これからそのようになりうる可能性として、普遍的な紐帯のあり方を提示した。

被災地の幽霊現象の背景には、人間と冥界の境界領域で、呪いや祟りからかけ離れた温情をもった幽霊とそれを受け容れる人たちがいたことがあげられる。そこでは死者の無念の思いと、生者の畏敬の念があった（工藤 2016）。幽霊の出現には、そうした心性が共有された被災地のコミュニティに基盤があった。そのうえに助力や、負い目を埋め合わせる贈与関係として死者に対して生者が常に働きかけ続け、死者も親密な存在としてそこにあり続ける。それが人格の継続である。

すなわち、震災が拓いた宗教的古層とは、曖昧性と連続性が基礎となるような情操のスペクトラムの発露のもとに、その人が死後も生き続けることを願う、魂をゆさぶる〝祈り〟に発現するのである。

第7章　夢――かけがえのない邂逅のひととき

夢と現実が交錯する

《繁さんと宏美さんは、指切りをしている。

「何もしてあげられないよ」「でも、信頼してる」「急がないから」「待ってる」

一言一言、確かめるように宏美さんは話した。

「指切りをした手の感触は、起きてからも鮮明に覚えていました。夢を思い出しながら『あの世から簡単に助けることはできない。でも、信頼してるからね。こちらに来るのを待ってるけど、急がないからね。そっちの世界で修行しておいで』と妻から言われたような気がしました」》

（亀井繁さん「最愛の妻と娘は魂の姿に」『私の夢まで、会いに来てくれた』（金菱ゼミナール編 2018a: 236-237）

亀井繁さんが見る夢の中身であるが、実は繁さんは妻の宏美さんと次女の陽愛《ひなり》ちゃんを津波で亡くしている。

私たちは夢をすぐに忘れるのではないか。冷や汗をかいたり、目覚める直前に見た夢でも、時間が経つと思い出せないものである。映画『君の名は。』も夢を介しながら、夢見の時は鮮明なのに現実に戻ると相手の名前を忘れていく物語である。ところが、震災で亡くなった人との夢は、遺族にとって、くっきりとした輪郭を持ちながら記憶されている場合が多い。それらは個別具体的である。先ほどの繁さんの夢日記には、「おばけだぞ〜」とおどけた口調で、亡くなった奥さんが、かぷっと夫の鼻を噛んだとある。この夢は、単なる情景ではなく、〝触覚〟を伴った実感となっている。

私の夢まで、会いに来てくれた
3・11 亡き人とのそれから
東日本大震災から
何年経っても
忘れない
「死者は生きている。
夢を通して、死者は
思いがけない恵みや
導きをもたらしてくれる」
深い悲しみを癒す
"亡き人の夢"の記録、27編
朝日文庫

私たちのプロジェクトが被災者の見る夢を調べて『私の夢まで、会いに来てくれた――3・11亡き人とのそれから』（金菱ゼミナール編 2018a）を出版することになったのには、理由がある。つまり心理学的な興味関心から研究を進めたわけではない。現場から大切なものとして、夢が立ち上がってきたのである。震災発生から5年たった2016年、遺族が亡くなった家族に宛てた手紙を収めた『悲愛――あの日のあなたへ手紙をつづる』を出版したが、亡き人に宛てた手紙に夢の話が綴られていた。私たちは、亡き人との夢について、意味を考えざるをえなかったのである。

夢を話してくれた遺族は「夢の話なんて家族以外には、しないはずなんです。ましてや取材とか、よほど仲よくなった記者に聞かれでもしない限り、話さないだろうから、公には出ないと思います。でも、夢の話は絶対に誰かのためになる。被災地で声を出せない人に夢の話が届いたら、心の復興を助ける一つになると思うんです」と語られた。つまり幽霊同様、データを捕捉することが極めて困難な事象なのである。

その後、私のゼミ生たちと遺族の夢を多く集めてみた。すると不思議なことがわかった。なんども正確に文字起こしをした遺族の聞き取りデータを報告してもらうたびに、私はそれは夢の話なのか、それとも現実の話をしているのかと問わずにいられなかった。それほど夢と現実の内容が近接していたのである。

一般的な夢に対する理解は、取るに足らない非現実であり、それは社会学的考察の射程外である。手紙に記述された夢というのは、亡き人に伝えたい大切な内容がほとんどで、それは手紙に書かれた内容があたかも現実を構成しているといえるものだった。それで社会学の対象として考えたのである。

中国古代哲学が専門の劉文英《リウウェンイン》は、先天的に視覚のない人（盲人）にとって、夢は視覚的形象を持たないが、聴覚や味覚など、視覚外の感覚による「形象」はあるという（「盲人は夢を見るか」劉1997）。たとえ視覚のない人にでさえ、夢という視覚的現象が視覚の剝奪を補う形で、疑似視覚としてはっきりとした輪郭を持って知覚される。つまり、夢を見るのである。

とするならば、被災遺族の夢の輪郭がはっきりしてその内容が豊富であるのは、見えない人における視覚のように、何かが喪われた状況を刻印しているのかもしれないと考えるようになった。

視覚的に見えない≠存在しない

亡き人が生きていた視覚的輪郭は、現実の世界にはない。しかし、視覚的に見えないことが、その人の存在がないことを証するわけではない。

東日本大震災では、今も行方不明だったり、写真やビデオなど共に時間を過ごした思い出の記録が津波に奪われたりしているため、形ある方法で亡き人と再会することが困難なことが少なくない。死者との関係は、たとえ写真が残っていたり、確かな記憶を持ち続けたりしていても、それ以上の新しい更新＝交信は生まれない。しかし、夢を見ている人は、その続きが存在する。

《見るようになったのは、震災前の日常風景だ。

津波で流されてしまった懐かしい我が家に家族が全員、揃っている。そして、修平さんは、まるでテレビドラマを見ているように、家族の姿を眺めている。

「家族の夢を見ているとき、私は自分の部屋にいるんです。だけど、家族の様子は見えている。みんなから私の姿は見えてないと思います。夢の中で、家族は自分のやりたいことをやっているんです。雄太も遊んでいたり、元気な姿です。みんなでひなたぼっこしたり、家族で話をしていたり、震災前の本当にごく普通の一日でした」

家族の夢はいつもぼんやりとしていて、自分の記憶をたどっているかのようだ。震災後に転居した新しい家が出てきたり、雄太君が成長していたり、逆に幼くなっていたり、ということはない。夢を見ている間、修平さんはとても気持ちがいい。雄太君が亡くなっていることも、夢であることもわかった上で、家族全員で過ごす時間を思いっきり楽しんでいる。》(佐藤修平さん「死んでいく弟、自分を起こす弟」『私の夢まで、会いに来てくれた』(金菱ゼミナール編 2018a: 103-104)

修平さんは、震災の前と後で夢の内容が変わっていて、さらに震災前と後では夢の捉え方も変わっている。弟の雄太君が亡くなる夢の意味が震災によって明確になったばかりか、その代わり見るようになった、震災前の日常風景には、雄太君も遊んでいたり元気な姿のままである。震災前に見ていた夢での出来事が無かったかのように、震災前の普通の一日の夢を見ている。それ自体が夢であっても、現実世界における幸せであれば、それは不幸な夢ではなく、幸せな夢である。

夢は、見るたびに死者との関係を更新＝交信することができる。断ち切られた現実に対して、夢は死者となおもつながり続けることができる「希望(としての夢)」なのである。夢の記録から立ち現れた事象を振り返ると、遺族が夢から啓示を受けたと感じて、それを亡き人からのメッセージと解釈し、夢に自身の希望を重ね合わせることによって、夢を願望に変えて現実のものにしていると考えることができる。つまり、「(眠っている間に)見せられた夢」を「(目標として)現実に見る夢」に転換し、これを重ね合わせることで希望を見出しているのである。

震災直後にスローガンとして巷にあふれた「絆」とは、生きた人同士のつながりだけではなく、実は亡くなった人との関係をつなぎとめておくための大切な言葉ではなかったのか。

法隆寺に夢殿があるように、古代から夢は現実世界の方向性やあり方に重要な意味を担っていた。ところが近代になり、合理的な世界が支配するようになると、夢の位置づけは闇に葬られ、現実から一段低い位置に置かれるようになった。しかしあの日の星空のように、通常は見えないものが夢を通じて露わになったのである。

近代的時間が奪ってきたもの

《二年ほど前には、琴君が成長した夢を見た。夢の中の琴君は栄子さんより背が高くなり、大川中学校の制服を着ていた。場所は、栄子さんの家の前だった。》（永沼栄子さん「琴からはみんなが見えているよ」同上：122）

災害が起きた後、共通して叫ばれるのが「復興」の言葉である。復興過程の時間の相対化の上でも、私たちの持っている時間の感覚は、過去から現在、未来と直線的に流れている。これが近代的時間である。復興の時間は過去との訣別を強いる言葉である。

小学生の息子さんを亡くしたある遺族は、小学校のホームページから亡くなった子の画像を通告なく削除された。母親は泣きながら電話をかけ「○○（息子）は、もう学校にいなかったことにされたんですか」と尋ねると、「亡くなった子が写っている画像は削除するように教育委員会から通達があったので……」という回答を聞き、ショックで過呼吸を起こしてしまった。後に校長は謝罪したが、この遺族にとっては、子どもが確かに「生きていた」という証しすら抹消され、あたかも最初から「いなかった」ように扱われるのは、どれほど胸の詰まる思いだったか。

娘さんを亡くした遺族は、学習塾の勧誘の電話に、仕方なく亡くなったと事情を説明すると、「では名簿から名前を削除しておきます」と言われたことに、憔悴されていた。

復興が対象とするのは、生者、遺族であり、目に見えるものばかりで、見えない死者は排除される。復興の過程で、震災以前の過去に生きていた人びとは、現在や未来において生きられない人びととして認識され、社会から存在を抹消されてしまい、第二の死を迎えさせられてしまう。

心臓の鼓動がこの世から消えた途端に、生きてきた証しすらなかったことにするのは、個々の理屈を超えた近代的な時間管理のあり方の問題でもある。そして、私たちは、そこに知らず知らずのうちに押し込められている。

生き続けられたであろう命が、突然、絶ち切られたことと社会的に抹消されようとする二重の力に対して、夢はどのような働きを持ったのだろう。それは原因と結果からなる因果関係を「逆転」させる力になる。「逆転」とはどういう意味なのか。ヒントは、夢を見た人の多くが語った言葉が教えてくれる。

生ける死者からの贈り物

彼ら彼女らは、夢は「見る」のではなく、「見させられている」という受け身に立場が逆転する。主体は生ける死者であり、残された人びとに働きかけてくることで不思議な世界が展開されていく。この主体と客体の逆転によって、時間は人に所有されるものではなく、時間が人びとを所有する「生き物」となる。

見させられている夢を、贈り物として受け取る遺族もいる。先に学校のホームページから削除された方の昨年のクリスマスは、贈り物の夢だった。

《写真スタジオでヨシムネくんの写真をたくさん撮影した。亡くなった母親も夢に出てきて、将来着付けしたらここで写真撮影をすることが私の夢（希望）なんだよって言っていた。ヨシムネ君はファインダー越しで見ると、震災当時の小学校1年生のままなんだけども、写真で仕上がってみてみると、背や足がすらっと伸びて中学生のような恰好をしていた。

「昨夜、お母さんが寂しいってずっと思っていたから会いに来てくれたのかもね。神様、素敵なクリスマスプレゼントありがとう。。。」》（2017.12.25 の Facebook より一部改変）

予知夢や亡き人が成長していく夢には、過去の記憶というよりも、「未来を記憶する」力が働いている。成長をした孫や息子を見守るのも、未来に生きる意志である。また、亡き人が現在の時間に侵入する形で関与し続ける。つまり、「過去を現在進行形にする」力が働いているといえるだろう。これら「未来を記憶する」力と「過去を現在進行形に変える」力は、忘却しようとする社会に対して抵抗するものである。

《妹が夢に出てくるのは、部活や勉強で疲れているときが多い。とくに柔道の試合の前夜、哲也さんは必ず柔道の夢を見るのだが、応援席に未捺ちゃんとしろえさん（妹と母）がよくいるという。生前の二人は、哲也さんの応援に行くのを楽しみにしていた。「たぶん、妹は『頑張れ』って励ましてくれているんでしょうね。柔道の試合の前に二人が出てくるのは、今でもちゃんと僕を見てくれているからだと思っています」》（「私たちを忘れないで」同上：114）

社会的に「孤立無援」だった遺族に対し、「孤立〝夢〟援」の存在として、亡き人がそっと温かく手を差し伸べてくれる世界が開かれる。いつも励ましてくれる妹の存在、いつも気づかってくれる息子の存在、いつも言葉を交わし合う娘の存在である。

夢という他者が確認できないコミュニケーションの数々は、震災によって切り離されてしまった絆を確かな形を持って繋ぎとめているのである。夢は過去に起こった事実を自由に「上書き」し、保存することで、二重の死を打ち消す力を生み出している。それは復興に対する明確なアンチテーゼとなる。そして近代的時間を生きる私たちの世界を揺さぶることになる。

《秀和君が登場する夢には、不思議な話がある。由美子さんだけでなく、秀和君の兄たちや由美子さんの妹も、よく秀和君の夢を見ていた。違う人間が見ているのに、秀和君の夢には、みな一様に時間制限があるのだ。

「妹が見た夢は、秀があと何分しかいられない、っていう話だった。お兄ちゃんが見た夢は、秀に『大丈夫だったのか?時間いいのか?』って聞いたら『ちょっとだけね。神様がちょっとだけ時間をくれたんだ』って答えたんだって」（中略）

生に執着がなくなり、いつ死んでもいいという気持ちは震災直後とそう大きくは変わっていない。ただ、いつか秀和君にもう一度、会ったとき、恥ずかしくない母親でいたい、と考えるようになった。》（鈴木由美子さん「神様がちょっとだけ時間をくれた」同上：36-37）

震災で残されたご遺族がこれからどのように生きていけばよいのか懊悩している時に、誰の言葉よりも亡くなった人びとからの啓示や暗示は、生ける死者からの贈り物として、希望にもなっている。

第8章　霊性──あの日、その時を超えて

災害と生ける死者

本章では、夢と幽霊をつなぐ論理を展開していく。当初は幽霊と夢の現象は別物として扱っていたが、しかし歴史や研究を振り返るなかでそれを再考せざるをえなかった。

遠野物語の九九話は、明治29年に起こった三陸地震津波をベースにしている。山田町の船越半島田の浜という集落に、津波で妻が行方不明になった主人公、福二がいた。一年ほど経ち、月夜の晩に眠りから覚めて渚に出ると、亡くした妻が他の知己の男性と同行しているところに遭遇する話である。妻は幽霊である。そして、陸と海の中間領域であるあわい（浜辺）という設定である。ちなみにその後、東日本大震災で、その子孫の方が被害に遭われた。

妻の死を諦めきれない男性が夢の中で、妻はもう自分の手の届かない所に行ってしまったと、自分自身を納得させていく物語として、とらえることもできる。つまり、夢うつつの中で妻がかつて好きだった人と一緒にいることを、福二はどうすることもできない。しかし、妻と出会うことは、遺体は

見つからなくても、その死を受け容れていく過程となる。この物語は一見残酷なように見えて、希望をつないで心が回復していくという読み方もできる。

また、夢は災害と切っても切れない関係にあった。哲学者の亀山純生は、『〈災害社会〉・東国農民と親鸞浄土教』のなかで、夢の位置づけを解き明かしている（亀山 2012）。親鸞が生きた時代は災異改元（負の災害が起こった際に元号を改める）がたびたび行われ、飢饉や大火、地震、水害といった災害による死と隣り合わせだったのである。

中世の夢信仰は、災害による突発的な死や、生き延びた人の罪意識と不安を背景に、夢の中で冥慮《めいりょ》であるあの世からのお告げを請うものであるが、それによって人びとは救われた。たとえば、夢告は死後でなければわからない極楽浄土を、現世で予兆として確認できる手段として、希望をつなぐことができた。東日本大震災では、親鸞の時代と似た状況が生じているとみることもできる。

能におけるあわいの世界

日本の伝統芸能では幽霊は祟りや怨言などの呪い系の物語に現れるが、これはお岩や累《かさね》といった歌舞伎の系統に属する。他方、能楽は、それとは少し異なる。

幽霊能は温厚な死者観、死者と生者の織りなす〝あわい〟の物語世界を展開している（本書6章）。能の庇護者である武将たちは、殺生を生業として、死者の祟りに怯える人びとであったので、能は苦しむ死者という温厚な死者観を採用し、舞台化した。

能楽師の安田登『異界を旅する能』によれば、能の多くの演目で中心となるのが幽霊であり、シテである幽霊による神話的時間を体感することで、観客は人生をもう一度リセットできる可能性を指摘している（安田 2011）。安田によれば、当初は脇役であるワキの生者の時の流れ（順行する時間）が優位にたって物語が展開するが、後半に立場が逆転し、シテである幽霊（遡行《そこう》する時間）が立ち現れる。つまり、能楽では最初に現れる幽霊はワキの普通の人間と変わらない風貌をしている。しかし、二度目にはお面を被って夢の中で幽霊となって現れる。

過去の人が「今は昔」という形で「いま、このとき」に侵入する。ワキは自らが欠如の人間として漂泊することによって、この世とあの世をつなぎ合わせる存在である。本書の例で言えばタクシードライバーがそれである。そして異界と出会うことによって、人はもう一度「新たな生を生き直す」ことができる。

反実仮想のない世界

夢の世界は、まるでタイムマシンのように過去・未来を自由自在に駆けることができる。過去への遡行だけでなく「いつか、どこか」という未来の措定も行う。夢の生理心理学を研究した渡辺恒夫は、時間に関する3つの重要な指摘をしている。夢には仮定法未来という次元がない。次に、夢には過去形がない。そして、夢にはもしという反事実的条件法が存在しない。過去についての反実仮想もまた、現在として知覚され、体験される（渡辺 2010: 204-209）。

震災遺族は、現実の世界では、5章で明らかにしたように止まった時間と進んだ（であろう）時間という「二重の時間」を生きている。「地震ではなく津波で亡くなった、地震から津波襲来まで逃げる時間があり、助けられたかもしれないという悔恨の念である。「もし自分が~していたなら、あの人は今頃生きていたのではないか／いや生きていたはずである」という自問自答が繰り返される。

その中で客観的な時間を設定するならば、過去において死者となり、現在において存在せず、未来において成長もせず停滞することになる。けれども、渡辺の考え方を敷衍すれば、夢の世界は時間性を持たず、現在進行形でしか知覚しえない。その意味では、過去の死者が今の時勢を侵犯することができて、あの日から成長する世界を創り出すことができる。その意味では、「永遠性」を獲得できる。この永遠性は性急につくられるのではなく、時間をかけて熟成するものである。

時間をかけて熟成される霊性

『送りの夏』という三崎亜記の短編小説がある。

少女の母が突然失踪してしまい、手帳から探り出した手掛かりをもとに、小さな海沿いの町にやってくる。そこで母に会い、男性を紹介されるが、車椅子に乗って身動き一つしない。

出会う人々のなかに、動かない人がいる。男の子の両親は、「よかったな、お姉ちゃんが出来て。遊んでもらえるぞ」と声をかけるが、身じろぎ一つしない。夕飯も全員分用意されるが、彼らが手をつけることはない。動かないこと以外は、いたって普通の生活がそこにはある。

ある日、家族から頼まれ〝終《つい》の送り火〟が決まる。満月の夜、舟に男の子が乗せられ、果物やおもちゃ、読み聞かせをした本が並べられ、両親の手によって舟が出される。舟は、ゆっくりと沖に遠ざかっていくが、波の起伏とともに行っては戻るを繰り返し、やがて徐々に離れていった。（三崎 2005 より要約）

この小説には震災をとらえる際の重要なモチーフが込められている。彼らが亡くなっているのは誰しもわかっている。しかし、あたかも生きているかのようにふるまい、そして自分たちが〝納得いく〟形で死者を送り出す物語なのである。

制度化された葬送や埋葬の宗教的儀礼とは対極にある。公衆衛生の観点から肉体が腐敗する前に、死者を足早に送り出すのではなく、死者をある程度この世にとどめたうえで、時間的猶予を置いて送り出す＝死を受け容れるプロセスを、小説の中では重視する。もちろん、これは肉体が死後腐らないという前提である。震災の現場で出会った人は、これに近い感覚にある。

二重の時間は開いたままではなく、現場はこの永遠性に似た統合する力を与えてくれる。日和幼稚園で亡くなった愛莉さんの妹、佐藤珠莉さんが中学生になり、お姉さんの年齢を越えてしまった。『石巻学』（5号、2020）に珠莉さんが投稿した小説「真っ白な花のように」の中で、二重の時間との向き合い方は、次のように描かれている。

小説では姉は病気で亡くなったという設定で、姉は幽霊として妹の前に現れる。幽霊は大人には見えず、お父さん母さんは淡々と日常生活を過ごして対応する様子が描かれる。自分がお姉ちゃんの年齢を越えて姉と妹が逆転してしまったことに、どのように向き合うのかと読みすすめると、そのまま呼称も逆転して、姿かたちのままに沿わせている。つまり、妹は姉として二重の時間と2人の役割を演じ、姉は時間が止まったまま妹として接する。

自分が幽霊だと未だ気づかず、なお一緒に現実世界に留まろうとする姉に、妹は事実を事実として伝え、幽霊の姉に向かって、もう「限界だ」と吐露する。そして、その優しさに甘えてしまったら、みんなが幸せになれないと神様に託しながらも、心を鬼にして自ら姉との別れを決断する。そのまま大好きな姉といることもできたのに、（まるで夢のようだけど現実として）自分が姉ではなく妹として生きる覚悟のような、それはまるで二重のねじれた世界に終止符を打つかのような、決意表明を行っていく。（佐藤 2020 より一部要約）

最終的には神様の言葉に託した形で、姉と訣別し、成仏させることで、姉の存在を抱えながら、自分と両親を現世での幸せを求める存在に変えていく。

フィクションではあるが、震災の遺族・行方不明者家族は、うっすらと「亡くなったのだろう」と思っていても、死を認めることもできず、「曖昧な喪失」の状態にある。その方たちに、「10年も経ったのだから」といった客観的な死の説明は、意味をなさない。死を受容するための何らかの物語が必要である。そして、その物語は、遺族それぞれで違う。「腑に落ちる」感覚を積み重ね、現実とは異なる時間の流れのなかで、ゆっくりと熟成されていくことになる。

無為の為として耳を澄ませて死者の声を聴き取ってみるならば、そこには時空を超えた私たちの死生観が拓かれるだろう。つまり、霊性の奥底で、通常は理解できない「永遠」の感覚を実感できるのである。

第Ⅲ部　共感と倫理

第9章　最後に握りしめた一枚を破るとき
——疑似喪失体験と震災のアクティブ・エスノグラフィ

ハァーハァー。シーンとした張りつめた空気の中で息遣いが聞こえ、すすり泣く声がそこかしこから漏れてくる。どうやら普通でもこの授業は彼女ら彼らにとって「重い」ものらしく、さらにある試みでは重さを越えて、夜眠れなくなったりする。それはふだん私たちの感覚からこぼれ落ちてしまう、当たり前でいてなかなか意識にも上らない何かであるようである。

1　震災を「自分事」にするために

私は災害社会学という大学の授業や、高校生・市民向けの講演の中で、テーマとして「震災を通していのちを考える」ことを真正面に据えている。知識の伝達というよりは、立ち止まって深く考えてしっかり肌で感じてもらうことを企図した。

なぜこういう真剣な授業を一コマの枠の中で行うのかには、いくつかの理由がある。まず、震災当時の語りを聞くとき、あまりにも大きな溝が存在するからである。「私たち経験した者にしかわからない」と、現場の当事者が諦めにも似た言葉で、口をつぐんでしまうことが非常に多くなってきていることがある。

もうひとつは、被災地であっても、歳月を経て当初の「生々しい」感覚が失われつつあることである。大学の新入生や高校生は震災時小学生あるいはそれ以下なので、被災地でも震災を経験したことがない、あるいは記憶にない学生や生徒が大多数を占めるのは時間の問題である。東北の後も、大地震が起こり、次世代への災害の教訓をどのように継承していくのかという実践的な課題が始まっている。発信する側にもそれを受けとる側にも震災の語りが伝わらない溝の存在にあえて抗って、わかりあうためにはどのようにすればよいのか。

ある現実に起こったことを説明する方法として、その一コマを記述して描くエスノグラフィというアプローチがある。もし従来の（静態的な）エスノグラフィが単なる記述や記録で留まるとしたら、それは当事者のリアリティの再現で踏み止まっている。現場の声の力ではどうしても乗り越えられない壁が横たわっているように思われる。私が見る限り、エスノグラフィとはきわめて実践的な課題と向き合える記述方法でもある。あえて名づけるとすると、アクティブ・エスノグラフィとしてここでは呼んでおきたい。アクティブ・エスノグラフィは「待ちの姿勢での観察」ではなく、これまで当事者でさえ意識されてこなかった問いを積極的に掘り起こす創造性が含まれていることが従来のエスノグラフィと異なる。

震災のアクティブ・エスノグラフィを考え始めたところ、次のようなアイデアがするっと出てきた。知り合いの震災の語りべ（命のかたりべ）髙橋匡美《きょうみ》さんと、例年4月以降は語りべの活動が少なくなるので、話す機会がめっきり減るんだというつぶやきをメッセージで交わしていた。震災の起こった3月11日までは冬休みや震災の関心の高まりから、ひっきりなしに依頼を受ける。ところが4月以降は打って変わって尻すぼみになるのと、仕事や学校の新年度で、語りべの依頼の機会は物理的に少なくなる。そこである年、5月に語りべさんに来校してもらって、震災の語りべをしてもらうことになった。

しかし、ふとひとつの疑問がわいた。聞く側にはその時は真剣に耳を傾けるかもしれないが、時間を経れば「他人事」になりはしないか。語りべが一方的に話してそれを聞くだけでは印象に残らないかもしれない。そこで少し考え、思いついたのが、私が20年以上も前に大学で受けた授業だった。今でも忘れられない記憶として残っており、その手法をこの語りべの経験にあわせて授業にミックスさせれば、他人事から「自分事」へと震災の出来事が深く心に滲みるのではないかと思い浮かんだ。

私がそれを思い出したのは、「死生学」という授業でこの専門の第一人者である藤井美和先生がアメリカの授業をアレンジして実践したものである。この時は末期のがん患者の日記を読み進めながら目の前の紙を千切って、場面が進むにしたがってその患者さんの内面がリンクしていくという内容であった。私はこれを、実際の語りべさんの言葉に載せて時系列順に自分にとって大切なものを失う過程を再現する授業に再編した。

2　疑似喪失体験――12枚の大切なものとのお別れ

被災者が固く閉ざした口を開くとき

受講生に、４種類の異なる色紙を３枚ずつ計12枚を配布した。それぞれの色紙に自分にとって大切なものを書き込んでもらう。「形のある大切なもの」「大切なアクティビティ（活動）」「形のない大切なもの」「大切な人」の４種類である。時間を少しかけて、他人にとってではなく、〝自分にとっての〟大切な何かに思いを巡らせながらそれぞれを３枚に書き込んでいく。さらに大切な何かを表に書き込み、その裏にはなぜそれが自分にとって大切なのかについての理由を書いてもらった。大切なものや人に思いを込めさせるためである。

この作業は若い人ほど時間がかかる傾向にあり、平均して20分も時間を要する。すらっと書けるというよりも、１枚１枚向き合って意識化されることがわかる。しかも、この時点から学生によっては喪失が始まっている。４人書きたいのに、３人に絞らなければならないので、どうしようと迷い始める。大切な人を書く時点で１人の大切な人（もの）を失うことになる。そこから語りべの匡美さんのお話を始めてもらう。事前の打ち合わせのなかで、震災当日を振り返りながら、できるだけ当時の状況に即して、「のほほんと構えていた」ときから父母を津波で亡くす衝撃に直面するまでのシーンを４つに分けていただいた。

匡美さんは、震災の語りべとしては後発組にあたる。私が彼女の話に深い興味をもったのは、震災報道に強い違和感を抱いており、震災報道を見てはテレビに向かって物を投げつけ「私は被災者ではないのか」という怒りをもっていたことである。

匡美さんを通して、絆という心地の良い言葉とは裏腹に社会的孤立を深めていく人の存在を知った。それを私は「共感の反作用」と呼んだ（金菱 2016b）。物資も報道も研究もボランティアもすべて「見えやすい」避難所や応急仮設住宅などに集中する。集合化された場所に資源や情報が投入される一方で、匡美さんのように、離れた実家で両親を亡くしても、本人は軽微な被害で済んだ人に、行政やボランティアによる支援が差し伸べられることは一切なかった。

命のかたりべ　髙橋匡美さん
（北海道小平町文化交流センター 2023年11月19日。
長澤政之さん撮影）

　父母を失った悲しみで打ちのめされ、家から全く出ることのない、社会的に孤立した存在に追い込まれた。足はむくんで靴が履けず、外出もままならない。食べる・寝る・排泄するといった動物的な行為をひたすら繰り返すのみ。現実を受け容れたくないのと眠ると夢で母親に会えるのも手伝って、何錠もの睡眠導入剤をワインで流し込むこともあった。これではだめだと思い、ようやくカウンセリングもかねて出かけたグリーフケアも逆効果となった。というのも、ケアの後、報道機関が取材にきたが、インタビューを受けるのは、子どもを亡くした親ばかりであった。ひとりぽつりと社会から取り残された孤独感を味わい、回復の道も閉ざされた。

そのようななかで彼女が見出したのが、人の前で話すということだった。初め躊躇したのは、もっと悲惨な経験をしている人がいるなかで、自分などが話してもよいのかという思いだった。匡美さんにインタビューをしていくうちに、最後にようやく絞り出した言葉が私の心を強く打った。

「あの時のつらい体験は、死んだ人の内訳や数ではない。被災した／しないも関係ない。みんなその人の中でのＭＡＸ（最大のもの）だったの。マスコミ的なフィルターを通しても共感できない」(同上 : 98)

災害支援では、事の重大性、つまり被害の量によって差別化がはかられるが、彼女の言葉はそれを明確に否定していた。つまり身内を10人亡くしたり、子どもを亡くしたという経験による支援の差別化は何一つ信頼できないことを教えてもらった。経験の平等性（その人だけのＭＡＸの死）に立って初めて被災者は固く閉ざした口を開き、語り始めるのである。このような経験をした言葉は、語りべとして大いなる説得力を持つ。

疑似喪失体験プログラム

①母親との別れの挨拶　地震体験――12枚を8枚に

匡美さんは教壇に立ってスライドを出しながら、囁くように聴衆に話しかける。

「さて、みなさんのふるさとは、どんなところですか？」

「家を出るときに、『いってきます』『いってらっしゃい』と挨拶をしてきましたか？ふるさとが遠くにあるよという人は、そこにいる家族や友人とお話ししたのは最近いつですか？」

仙台で共にランチを過ごして、自宅の最寄り駅で母親と別れたのがまさか最後になろうとは思わなかったと、次の語りが続く。

「私は、両親が年老いて亡くなり、家が空き家になり廃屋になり、更地になり人手に渡ったとしても、ふるさとというものは、少しずつ形を変えたとしても、未来永劫そこにあるものだと思っていました。それらが、ある日突然、めちゃくちゃに壊されて奪い去られてしまう。それが災害なのです」

疑似喪失体験プログラム
（静岡県地震防災センター 2024年1月13日。牧野大輔さん撮影。以下同）

学生たちの眼前にある大切なものが奪われることを予感させる語りが入る。明日がいつものように来て、日常のふるさとがそこにあり、いつものように大切な人がそこに存在する。当たり前のように繰り返される日常が「ぷちっ」と断ち切られる現実が起こりうることを、次の瞬間に体感させる。

突然教室の灯りが落とされ、音楽が静かに流れ、目をつむりながら耳を傾け、呼吸を整えるよう指示される。深呼吸のあと、目を開けた学生に私が言い渡す。

「いま目の前にある大切な人やものとお別れをしなければなりません。色ごとに1枚ずつ計4枚を断腸の思いで破かなければなりません。それを決めてください」。

大切なものの中で失いたくないものは、当然後回しにされる。まだこのときは何の説明もなく、破ることに戸惑いながらも、学生たちは余裕の表情である。

②塩釜での津波被害　実家と連絡が取れない——8枚を4枚に

そして、3・11の当日を起点に髙橋匡美さんの話が始まる。被災地であれば誰しもが経験した地震と津波のシーンが、淡々と語られていく。

当時塩釜の自宅マンションでは、地震の揺れはあったが津波の浸水は少しあったものの特に被害といえるものはなかった。しかし、父母がいる石巻の実家とは依然連絡はとれなかった。平常心がマヒしている状態で本塩釜駅前まで行き、背丈ほど津波の跡が残る公衆電話ボックスに入る。不通で連絡が取れるはずもないのに、電話をかけてしまう。

そこで2回目の紙を破るシーンが入る。再び部屋が暗くなり、音楽が流れ始め、深呼吸をして心を落ち着かせ、目の前の大切なものに向き合う時間が訪れる。大切なものを同様に一枚ずつ計4枚破り捨てる。ここで残った紙はそれぞれの大切な種類の色紙が4枚になる。ふと不安になる。自分で破っているのだが、だんだん兵糧攻めにあっている感覚で手に汗握るようになる。

③石巻に向かう　ああいうのば、地獄って言うんだっちゃねえ――4枚を2枚に

匡美さんは、震災から3日経った14日になって、実家のある石巻に向けて車で向かい始める。ともかく車で近づけるところまで走ったが、海も川も遠い内陸部まであちこち冠水していて、救助された人がボートや大きなマットに乗せられ、自衛隊員が腰まで水に浸かりながら移動していた。車を乗り捨て、線路の上を歩き実家を目指すことになった。反対側から来た人に尋ねてみるが、みんな無言で、首や手を振るだけで誰も自分たちが知りたいことに答えてはくれない。

そのなかで、年配のご夫婦が足を止めて予想もしない言葉を返される。

「あんだだぢ、今から（実家のある）南浜町さいぐの？　私たち今見できたんだでば！　ああいうのば、地獄って、言うんだっちゃねえ……」「え？　じごく？　ってどういうこと!?」

匡美さんは口をつぐんでしまう。確かに家や船がぷかぷか周りで浮かんでいるものの「地獄なんておおげさなんじゃない…？」とも思った。

不安が募るなかを歩みを速め、小高い日和山に裏側からようやく登り、海に向かう坂道をおり始め

海の景色を望もうとしたとたん、息を飲んで立ちすくんでしまった、本来なら山のふもとから海まで、閑静な住宅街が続くはずのその場所が、泥と砂に埋もれ、家や車が押しつぶされ、ひねりつぶされ、大きな力でかき混ぜられ、三日三晩続いたという火災と爆発で焼き尽くされ、自分が立っている坂道の途中まで、車や家の瓦礫などが幾重にも重なり合っていた。

もわもわと熱く焦げ臭い匂いがあたりに充満し、3日経ったその日も、あちらこちらで煙がたちのぼっていた。自分の見ているものがよく知っていた現実だとは到底理解できなかった。そして、何よりもその光景をどうしても受け容れられなかった。

ガタガタと自然と震えてくる体をいくら抑えても、とめることはできなかった。歯をぐいっと食いしばっても、ガチガチと歯音を立てる口元も自分の意識でおさえられなかった。それほど今目の前に拡がっている現実が恐ろしかった。そばにいた高校生の息子がぽつりと、

「ねえママ、これって……戦争のあと?」そう表現せざるをえないほどに想像を絶する光景だったのである。

遠くに、建物が残っている一角が目に入った。ふだんは建物が入り組んでいて見えないが、紛れも

なく海にほど近い、彼女の実家であった。いつも母が「万が一、ここに津波が来たら、私はお父さんをつれて二階に逃げるので精一杯だわ」と言っていたことを思い出す。きっとあそこで助けを待っているに違いない、その言葉が頭から離れなかった。

なりふりかまわず、かなた先に見通せる実家の方へ急いだ。あまりの高温で靴底がベロンと溶けそうな瓦礫のなかを、地元の人の制止を振り切り突進するかのように一目散に駆けた。

ここで紙を破る3回目の瞬間がやってくる。暗くなり音楽が流れ、深呼吸する一連の儀式が繰り返される。今度は、目の前の4枚の紙のうち、半分の2枚を選んで破らなければならない。今度は種類別ではないため、自ら選ぶ意識が高まる。そして、消極的に選べなかったものと積極的に残したいものが激しく自分の中でぶつかり合う。そして語りべさんの身の上に起こる、不安が不幸に変わる瞬間が頭を強くよぎることになる。

3　最後の一枚を破る

④最愛の母親と父親の死――2枚を1枚に

やっとの思いで匡美さんがたどり着いた実家は、かろうじて周りの惨状に比して外観は奇跡的に残っていた。実家の被災後の写真が映し出される。ブロック塀がなくなり、立ち並んでいた家並みが、根こそぎなくなっていた。台所には横倒しになった冷蔵庫があり、ついさっきまで生活していた痕跡があった。食べかけのおかずや切った漬物を盛り付けたお皿にラップがしてあったり、煮物やおひたしが保存容器に入っていたり、冷蔵庫には冷凍された魚がひっくり返っていたりした。

愕然としながらも、とにかく2階へ駆け上り、おそるおそるドアを開けてみると、そこに父親と母親の姿はなかった。しかし、たとえここに逃げ込んでも、助かった見込みは少ないと痛感せざるをえなかった。それは、天井から20センチの所にまで津波の跡が見えたからだった。

しかし、なぜかベッドの上の布団はほとんど濡れていなかった。おそらくベッドごと津波によって持ち上がったことが推察された。

近所の人とどこかに避難しているかもしれないと、自分を無理やり納得させるかのように家を出ようとして、息子に呼び止められた。もう一度一階の奥を見てこようと諭されたのである。一度は見ていなかったと思ったが、息子の言葉に導かれるように、玄関からまっすぐ廊下を進み、突き当りをトイレやお風呂に通じる角を左側に曲がった。すると、その足元に自分の母親が小さくうつぶせになって倒れていた。お茶目で明るくて美人で、大好きな自慢の母が、まるでボロ雑巾のようになってそこに倒れていたのであった。

仰向けに寝かせると、顔も髪も泥と砂だらけだった。そこには水もないので、手持ちのお茶で母の顔の砂と泥をそっと洗い流してみると、まるで眠っているかのような穏やかな顔で、ピンクの頬や唇は、今にも目を覚ましておしゃべりを始めそうであった。があまりにも冷たくなって二度と目を開けてはくれなかった。名前と住所、年齢を書いた紙をファイルに挟み、ご遺体の胸の上に置いた。その後、ご遺体は自宅から安置所に運ばれた。

父親を発見したのは、それから10日以上経った3月26日であった。遺体安置所の身元不明の写真の一覧の中からだった。遺体安置所に通っているうちに、父親を探すために来ているのにこの一覧の中に父がいなければいいのに、と思うようになってきた。なぜなら、日を追うごとにご遺体の損傷が激しくなって悲惨さを増していくからであった。

係の人に手招きされて向かうと、眼前のご遺体は父にはどうしても見えなかった。ニコニコと微笑みかける優しい父親しか記憶にないため、目の前に横たわっている、砂まみれの裸体で、顔の乾燥が進み赤黒く変色している蝋人形のような顔の老人が、自分の父親だとはわからなかったし、また思いたくもなかった。

人違いをすると大変なことになると、腰を落としてガタガタと震える手でいろいろと触ってみた。父の指は細長くてとてもきれいで、息子と似た指をしていた。そして、左足の踵に見覚えがある傷跡があった。その2点を確かめて「これは父に間違いございません」と告げるしかなかった。身元不明の遺体のために足の親指の爪が一枚剥がされて、そこにうっすらと滲んだ血の赤みが、唯一父が確かに生きていたのだということを、かすかに告げているかのようであった。

そして音楽が流れると、2枚の中から1枚を選択して破ってもらう。そして手元に残ったものはたった1枚の色紙のみである。

⑤何も残らない現実（1枚を何枚に？）

通常の疑似喪失体験はここで終わる。実際に何回かの授業では残してもらっていた。

けれども、私はその最後の1枚も破らせることに決めた。それは、災害というものはありとあらゆるものを失う事象であるので、最後に残ったあるいは残した大切な何かさえ失うことに重ね合わせることにした。それまでの破り方と異なり、最後の1枚を掌の中でぎゅーっと握らせ、もう一方の手でそれを包み込むように抱擁させた。そのあと少し長めの詩の朗読をして時間を共有させたうえで、一気にそれを破らせた。

会場がしーんと静まり返り、すすり泣く声だけが響き渡る。なかには千切ることができない学生も何人かいた。過呼吸になり、会場の外で人目をはばからずむせび泣く高校生もでてきた。その学生は千切った同じ色の用紙をもう一度要望し、そこにいま目の前で消えてしまった大切な人の名前を書き込んで何とか復元しようと試みていた。それほど紙を破る行為は、書き記した大切な人はそこにいないにもかかわらず、自分の手でその人を消してしまうという背徳にも似た罪責感を感じさせたに違いない。語りべの話により深く向き合うことにつながったという学生もいた。

またある女子学生にとって、授業を行った日は妹が修学旅行に行き不在であった。「正直、最初の方はただ紙を破いているという感覚でしかなかった。この過程を何度か行い、最後の2枚が残るときにはなんとも言えない気持ちがこみ上げてきた」。

この学生は、東日本大震災で被災したが、家族や親戚、友人は誰ひとりとして亡くさなかった。震災関連のテレビ報道で、家族や親戚、友人を亡くした方の話を見ても「すごく悲しい思いをしているのだろうな」とは思っていたが、大切な人を突然亡くすという感覚はよくわからずにいた。そのなかで、最後の一枚である〝妹〟と書かれた紙を破るときは涙があふれて止まらなかった。疑似喪失体験をした次の日に妹が修学旅行から戻り、妹の前ではさすがに恥ずかしくて平静を装っていたが、内心は無事に帰ってきたことがとても嬉しく、ホッとした心境を述懐してくれた。

災害における実際の体験とこの疑似喪失体験の違いは、前者が失う対象を選ぶことができない困難に追い込まれるのに対して、後者は自分で選びとることで、自己の内面に関係性の痛みが深く刻み込まれることである。また、語りべの髙橋匡美さん自身も肌実感として、一方的に話すのと疑似喪失体験で語る違いについて次のように振り返る。ふだん語りを終えた時点での聞き手の浸透や共感具合が60くらいとすると、そこから時間経過とともにどんどん薄れるのに対して、疑似喪失体験は、聞き終わった後の衝撃やインパクトは90くらいあるのではないかという。

母親の存在感

掌に強く握りしめられた最後の大切な1枚とは、なんだったのだろうか。学生に聞いてみると、参加者の実に5割を超える学生が母親をあげた。それに対して父親は1割である。兄弟姉妹・親戚の14%にも及ばない。その他もあったが、圧倒的に母親が占める結果が意味するものは何か。もちろん理由も聞いているが、それは理解できる範疇であり、たとえば以下の通りである。

「精神的にも生きていくための支えになる人。生み、育ててくれた人であり、一番共に生きてきた人だから」(女子学生)

「お母さんが一番自分をよく育ててくれた気がする。お母さんがいることでなんだか安心する気がするから」(女子学生)

「自分にとっての優先順位を考えたら一番最後まで残ったのが母親だった。ずっと世話してくれたのが母親だったし、一番頼りになる存在だから」(男子学生)

もっとも、この割合がくっきりと対照的であるのは、学生だからである。社会人の場合は妻や夫、息子や娘、孫が入ってきてより変数が大きくなる。しかしながら、これらは学生個人の回答であり、なぜ母親が父親よりもこれだけの優位さをもつのか、その根拠としてはどこか心許ない。この最後の一枚の存在は、私たちがふだんそれとわからないが、何を核心に据えて生きているのか、そして、亡くなった後もどのようにつながり続けるのかという、人間と霊性のあり方そのものを私たちに教えてくれている。

4 人は死んだらどうなるのか

曖昧な喪失への注目

学問にはそれぞれの臨界点があり、現実の知見と突き合わせる中で十分に説明しきれないことがでてくる。千年ぶりの巨大な災害を経て、学問的なパラダイム転換を要求されているのだと強く感じることがある。考えてみれば、リスボン大地震とそれに続く大津波によってヨーロッパの宗教的な神学論争やカントをはじめとする科学的な枠組みが大変革を起こした。このように巨大な自然現象は神が起こしたととらえる宗教思想と、それとは逆に地震計などの観測機器によって科学的に測定することで事象を解明する近代科学の進化に分岐していった歴史がある。

社会学は集合的方法から事象をとらえようとする傾向がある。それはおのずと私自身の血肉となっているところがあって、これはこれで切れ味がある。そのような観点で見れば、避難所、応急仮設住宅や災害復興住宅のコミュニティ調査などは、どちらかといえばとらえやすい。そして死者の供養という観点からみれば、個人では負えない問題をコミュニティに仮託することで、死者をできるだけ早く彼岸に送ることができる。しかし、このことは今から思えば学問的枠組みに拘束されて、より深い現実を見通すことができていなかったという反省がある。いわば、機能的な役割を果たしていると仮説的に見る解釈のもとで、分析可能なだけである。

震災で突きつけられた大きな課題は、人は死んだらどこにいくのかということであろう。というのも、まず死の起点が定かでない。行方不明という問題はこのことを如実に物語っている。ポーリン・ボスが提唱した「曖昧な喪失」という言葉は、行方不明者の遺族にとって、死はご遺体が上がらないまま、実感のわかない死であることをよく示している。ご遺体があって葬式・埋葬を経た「明確な喪失」が人間の死ととらえられるのに比して、行方不明は生者とも死者ともつかない保留状態なのである（ボス 2005）。

それにもかかわらず、まだ瓦礫が散乱するなかで、宗教者は宗派を問わずお経をあげて弔っていた。その姿に私は強い違和感を覚えた。行方不明も死者として手を合わせることと、ご遺族が一縷の望みをかけて家族を探していることは、まったく一致しなかった。ご遺族の気持ちは一年経っても変わっていなかった。「今日は息子と母の一周忌法要。遺体すら見つからないのに一周忌法要をしなければならなくて、正直今も戸惑って受け入れられない自分がいます」という母親の切実な思いに、果たしてどれだけの宗教が耳を傾けることができたのだろう。

改めて私たちが現場から問わなければいけなかったのは、曖昧な喪失の解消ではなく、曖昧なものを〝曖昧なまま〟抱き続ける当事者たちの揺らぎと、その対処法であった。境界を設けて彼岸と此岸を厳格に分けて考える発想から、彼岸と此岸が重なる場所を探り始めたのである。そのなかで、被災地の幽霊現象を通して浮かび上がってきたのが、霊性であった。

人は死後どこへいくのか

この仮説は、被災地の死生観への見方を抜本的に変えたといわれている（金菱ゼミナール編 2016）。括弧つきの「死者」と生者が行き来する、温かい交わりの場があると私たちは想定している。「死んだら終わり」ではないし、祟りを恐れて霊魂を彼岸に押し出すものでもない。被災地の人びとが抱かれた霊性を、確かに私たちはとらえたのである。幽霊に遭遇したタクシードライバーの語りも、幽霊がもう一度現れても、車に乗せるという温かい心意気を示している。

普通であれば、霊を怖がり手を合わせて、もう二度と出てくれるなと願うはずである。制度的な宗教もこれを支持する傾向にある。たとえば、葬儀の儀礼は、死者＝非日常的な生者を生者＝日常的生者側が日常性（この世）から切り離し、非日常的領域（あの世）に移行させ、安定を図る行事である。このことを踏まえると、被災地で目撃される幽霊は、死後に肉体を離脱した霊魂であり、いまだ成仏し得ないためこの世に姿を現す存在（実体）である（佐々木 2012）。

死者を穢れや祟りから祓い、祀り、供養するべき対象ととらえることもできるし、その実例もある。しかし、私たちが示したように実際に現場で生じている事例は明確にそれを否定する。生者と死者のあいだに存在する曖昧な死は、必ずしも死者が生者を祟るような不安定な死ばかりではない。

不安定かつ両義的な生／死の中身をあえて縮減せずに、それをむしろ豊饒化し、そのままでよいと肯定的に当事者が受け止めていることは、従来の宗教観からは説明がつかない。

一見小さな事象を扱っているかのように見えるエスノグラフィは、量の多寡から質の深度へと問いを転換する力をもつ。つまり、彼ら彼女らは死者がいないとも、とらえている。そこでは失われた人が死者になりきっていない。そして死そのものを理解することが困難な人間は、別離という生者の経験に即して死というものを考えざるをえない。今まで自分の人間関係の中に織り込まれていた人物を、不在者として位置づけ直すことが必要であるが、未だその段階に至っていないという見立てである。私たちは震災遺族や行方不明者家族の手記、語り、手紙からその感触を受け取ってきた（金菱編 2017; 2021; 金菱ゼミナール編 2020）。

疑似喪失体験という、紙を破ることでしかない行為にも、人は納得のいかない死をいかに受け容れがたいのかを「物語《エスノグラフィカル》」っているといえよう。エスノグラフィは、他人事を私事《わたくしごと》化でき、リアルなものとして立ち上げることができる。そのような「当事者」の行動や考え方と、それとは全く関わりのない「よそ者」の行動や考え方の双方を一緒に、同じ土台にあげて、当事者／非当事者の溝に架橋する試みとして、アクティブ・エスノグラフィの意義がある。

付記

本章に目を通して、もしご興味があれば次のアドレスまでご連絡ください。「疑似喪失体験」プログラムを読者の地元で開催する活動もしています。E-mail：soms9005@yahoo.co.jp

第10章　震災表現と倫理――「美しい顔」「荒地の家族」をめぐって

本来的にいえば、フィクションであれ、ノンフィクションであれ、そしてアカデミズムも、言葉をめぐる倫理的つながりが同じ地平にあることは、論を俟たない。私は社会学者として震災の研究を進め社会に震災の実相を伝える上で、専門外の分野または関係者と多くの接点をもち、関心を共有しなければならなかった。すなわち、単に社会学という一分野に留まり、データを集め仮説を立てる科学研究を発表するだけではすまなくなっていた。否応なく何かの問題に巻き込まれることが避けがたくなったことで、これを一歩深めて、震災を表現する倫理について、本章では2つの文芸作品をめぐって考えてみたい。

「美しい顔」問題

2018年、ある小説が文芸誌の新人文学賞を受賞した。そのなかで、私たちの編んだ『3・11慟哭の記録』（金菱編 2012）をはじめとする、既存の書物から東日本大震災の描写が無断利用されていることが明るみに出た上に、同小説が芥川賞の候補作の一冊になったことから、剽窃ではないかという疑惑が問題となり、大きな騒動となった。その小説とは、北条裕子著「美しい顔」である。東日本大震災を扱ったその作品は、避難所を舞台に、マスコミが押し寄せる中で、主人公の女子高校生がカメラの前でメディアが求めるような被災者を演じていく、というストーリーである。２０１８年４月13日に群像新人文学賞（講談社）を受賞すると、選考委員の作家や日本文学研究者からは、この作品を大絶賛する声があがった。

しかし、同年５月になって石井光太著『遺体』（新潮社）との類似箇所が確認されて、石井氏および両社は協議を開始する。さらに、６月18日に芥川賞にノミネートされるなかで、少なくとも５冊の書から震災の描写が無断利用されていたことが発覚する。その後、新潮社とは協議が進まず、７月３日、講談社は剽窃を否定する声明を発表して「美しい顔」全文のネットでの無料公開に踏み切った。芥川賞選考の結果は落選であったが、その後に改稿、再編集されて、翌19年４月、単行本の出版に至った。この一連の騒動のなかで、私は自分の立ち位置を問われることになった。つまり専門外だからと言い逃れができなくなったのである。

私が調べた限りでは「美しい顔」（『群像』６月号）における『３・11慟哭の記録』との類似表現は、少なくとも16箇所に上った（対照表参照）。

そこで、まずは小説の物語設定について、ノーベル文学賞作家カズオ・イシグロのインタビューを紹介することから始めたい。このなかでイシグロは、エッセーやルポルタージュと比べて何が小説を特別にしているのかという問いを発しながら、小説とは何かについて自らの問いに答えている。

「私はあることを発見した。物語の舞台は動かせるのだと。舞台設定は物語の中で重要な部分じゃない。これに気付いた後、舞台設定を探すのが難題になった。あまりに自由になってしまったからだ。……物語を色々な舞台へ、世界中の様々な場所、様々な時代へ移せると分かってしまったからだ。……小説の価値というのは表面にあるとは限らない。歴史書を時代を変えていいとしたら、おかしなことになる。歴史家がそんなことをしたら許されないだろう。でも、小説では可能だ。つまりこれは、物語の意図するものは、表面の細かい部分には結びついていないということを意味する。小説の価値はもっと深いところにある。想像したアイデアの奥深いところにある。だからアイデアをいろいろな舞台に設定して考えてみる。どの時代に設定したらストーリーが最も活きるのか。……小説の中は自分たちのことと似ている。歴史上の出来事とは違っていても、倫理上の繋がりは同じだ」（『カズオ・イシグロ文学白熱教室』NHK 2018）。

『群像』6月号の小説「美しい顔」（以下、本作品）はどうだろうか。作者からいただいた私への手紙によれば、震災そのものがテーマではなく、私的で疑似的な喪失体験にあり、主眼はあくまで、（彼女自身の）「自己の内面を理解することにあった」とある（私信のため詳細は省く）。そのため、小説の内容も母親を震災で亡くした少女が、マスメディアの求めるわかりやすい被災者像にあえて乗

3.11慟哭の記録

①	電柱の上のところに人が吊されているのを見たり、
②	「早く逃げろ!!」と言われ、どうすることもできずに自分だけ逃げてしまった。その時の助けを求めていた人の目が今でも忘れられず、罪悪感にかられる。情けないが、その時はとにかく自分が生きることしか考えられなかった。
③	「お父さん見つからないの？」「お母さん見てないよ」「お父さんが避難していたらすぐわかると思うけど、見かけないよ」という情報ばかりだった。 私の父は数年前まで町内で自営業を営んでいて、私たちが小さい頃はPTAやら、体育協会などで活動していたので、町の人たちには顔なじみの父だった。 「お父さんが避難所にいたら率先して働いてくれると思うから絶対わかるけど、見かけないよ」
④	トイレの水を流さずにはいられなくなり（略）生徒を中心に若い人達で、プールの水をバケツで汲み上げることにしました。
⑤	正座した状態で体をすこし後ろに倒した母はいた。（略）座ったまま和室の出窓に伏せるようにして父はいた。（略）おばあちゃんの車椅子を一生懸命押さえていたに違いない。最後まで家族を守って亡くなったのだ。
⑥	するとその中の人が「波が見える」と言い始めました。私も見たのですが、雪が降っていて空が暗く、海の境と空の境が良く見えなかったのですが、白い煙のようなものが見えたのです。（略）すると間もなく「シャバ、シャバ、シャバ」と音が聞こえてきました。絶え間なく聞こえてくるのですが、とても静かなのです。
⑦	津波の流れが速くなだれ込むように流れてくる。（略）車は重なり合い、大木やドラム缶、自転車、バイク、物置きなどさまざまな物が凄い勢いでどんどん流れてきた。（略）産業道路は動けなくなった車で渋滞になった。（略）必死になってしっかりハンドルをつかんでいた。グルグル回る車の中で何回も頭を打ち付けられた。（略）車がぐるぐる回りながら流されていく。車はぷかぷか浮いた状態でどんどん流されていった。屋根の上にいた人が私に向かって何か叫んでいた。「窓を開けて逃げろ」「窓を壊せ」。
⑧	10メートル位の波が（略）見え、慌てて全員で全速力で走ったそうです。（略）その車の人達に、「津波が来ているから逃げろ」と大声で叫んだのですが、誰も車から出て来る人はなく、（略）高台に駆け上がり後ろを振り向いたら、今車に乗っていた人達がそのまま波にさらわれて行くのを見たそうです。今でもその時の光景が目に浮かんで忘れられないそうです。夜になり、体育館の中は真っ暗になりました。
⑨	そろそろ一度も家に帰らずにいるのも限界が近づいてきていて、私の職場の人も一人、二人と、水がまだ胸まである中、矢本まで徒歩で帰りました。市内が全域冠水しているので、一度濡れたら着替えもないし、泥を流すこともできないので、体育館へ戻る事はしないで、絶対に家までたどり着く決心で出発して行きました。後で聞いたら、下が見えないので、側溝のふたが水圧で外れていたのがわからずに落ちてしまい、危なく溺れる寸前だったり、何かを踏んで足の裏を切ったりしたそうです。

美しい顔

①	電信柱に巻き付いて死んでいる人の遺体が、
②	目の前を流れていった広子ちゃんの引きつった顔がくっきりと瞼の裏にみえる。高台にいる私と目があったあの瞬間の広子ちゃんがそこにいて（略）広子ちゃんと目があったあの場所に私はそれを置いて安全な避難所へ一目散に逃げました
③	「お母さん？　この避難所にはいないはずだよ。キョウカさんがもしいれば誰よりも働いてくれているだろうからすぐにわかると思うけど」毎日毎日たくさん歩いて母を探した。「お母さんもうどこかの病院か避難所で働いてるの？　おばちゃんまだ会ってないんだけど」（略）どこに行っても同じだった。「お母さん、そうか、まだいないのか。おっちゃんもまだ会ってないんだわ。いればすぐにわかるはずだけど。見たって言ってる人もいないね。（略）」看護師をやりながら日頃から町内会やPTA、福祉関係のボランティアに走り回り、いつも他人のために尽くしてきた母のことを、みな、いればすぐわかるはずだと言った。
④	小学生の子ども達がトイレ用の水をプールからバケツリレーで運んでいるというのに、
⑤	四人きちんと座ったまま知らない民家の二階の寝室で見つからなければならないんだ。
⑥	それは空の暗い日だった。 朝から時おり雪がはらはらと舞ってきていた。 最初に誰かが波が見えると言った時、私には何も見えなかった。何回か海の方を見たけれど、海の境と空の境がよくわからなかった。とても静かだった。
⑦	人を閉じ込めたまま車が波の上を木材の渦といっしょにクルクルとまわっているのを見ているというのに（略）渋滞していた車は列の形を保ったままそっくり浮き上がりゆっくりと回転しながら列を崩して散っていく。（略）まだ車を走らせようとハンドルを握っている人影がある。（略）今すぐ車を捨てて逃げて、そっちじゃない、そっちじゃない、そっちじゃない。私はそれを声に出して言ったのか、ただそう祈っていただけだったのかは覚えていない。
⑧	高台にいる人々は口々に叫ぶ。ごごごごと地響きを立てて波は来る。（略）私の目が、ある下界の少女が、幼なじみの広子ちゃんであることを認めた。（略）これ以上出したことのないほどの大きな声で叫んだ。（略）さっきまで「逃げろ」とか「高台にあがれ」とか「あーあー」とか叫んでいた人たちはもう静かになって（略）「これから真っ暗になりますしもっと寒くなりますから避難してください。（略）」とりあえず近くの公民館に入ることになった。
⑨	そろそろ一度も自宅に帰らずにいるのも限界と言って無理やり出ていく人がある。だけど遠くまで行けば胸まで泥水に浸かることになる。着替えはない。泥を落とす水もない。つまり行けばもう戻ってこられない。家も残っているのかはわからない。道は泥水で底が見えずマンホールのふたも空いているという。それでも自宅へ向かう人がいる。行った人の安否はわからない。誰かがこれは地獄だという。

3.11慟哭の記録

⑩	なぜ警察も、自衛隊も助けに来てくれないのか、日本はどうなってしまったんだろうと思いました。
⑪	四日目、やはりこの日も救援に来る人は誰もなく、どこかの人が好意で少ない食料を分けてくれるぐらいでした。（略）石巻は宮城で二番目に大きな町なのに、ラジオから聞こえてくるニュースは他の地区の被害ばかりで、私達の状況がこんなに大変なのに何の報道もされない事に憤りを感じていました。そんな所へ腕に新聞社の腕章を付けカメラを持った人が体育館に現れたのです。友人は写真を撮ることに怒っていましたが、私は、私達の状況を早くみんなに知らせて助けに来て欲しいと思いました。しかし少し時間が経つと今度は、私達には何の情報もないのに取材されて、私達にも情報を得る権利がある、そんなふうに思えてきて思わず記者に声を掛けたのです。
⑫	「私達は何の情報もないのです。何故助けが来ないのか？　古い新聞でも良いので体育館へ届けて欲しい」。すると記者は「私達では判断できませんが、上の者と相談します」と言い残し体育館を去りました。
⑬	県外の火葬場しか稼働していないこと。その火葬場も大変混んでいて、いつまで待てばいいのかもわからないこと。町では仮土葬の方針であること…「仮土葬」…うちの両親達をそんなことにさせてたまるか！　土に葬るのだ。そして火葬場が復旧したら掘り起こし火葬するのだそうだ。火葬の予定も未定、何年土の中で眠ってもらわなくてはならないのかもわからない。仮土葬という言葉に私は怒りを覚えた。
⑭	間違いない。顔は見えないけど腕の感じが母だった。生きていなかった。大好きな母が亡くなってしまった。
⑮	「溺死して時間が経つと親でも見分けがつかない場合もある」という言葉を思い出しながら一体一体確認しましたが、私には息子を確認できませんでした。（略）安置されて三日位経ったと思いますが、溺死で顔がパンパンに膨れ、まるで別人のようだった息子の顔が生前の顔に戻ったのです。
⑯	その日の帰りに近くのドラッグストアに盗みに入った。誰かが裏口のドアの鍵を壊したのだろう。たくさんの人が店内から使えそうな物を持ってきていた。私も入った。この震災で私は、普段当たり前のように金を出せば手に入る物が買えなくなる恐怖、つまり物がただなくなっていく恐怖、飢餓への恐怖を嫌というほど思い知らされた。だからこの時も、ただ「生きたい」という感情のみで動いていたと思う。悪いことをしていると考えないようにしていた。

「美しい顔」の参考文献とされた書

石井光太『遺体－震災、津波の果てに』（新潮社 2011）

金菱清編『3.11慟哭の記録－71人が体感した大津波・原発・巨大地震』（新曜社 2012）

森健編『つなみ　被災地のこども80人の作文集』文藝春秋2011年８月臨時増刊号

丹羽美之・藤田真文編『メディアが震えた－テレビ・ラジオと東日本大震災』（東京大学出版会 2013）

池上正樹『ふたたび、ここから－東日本大震災・石巻の人たちの50日間』（ポプラ社 2011）

美しい顔

⑩	なぜ警察も自衛隊も助けに来てくれない。日本はどうなってしまったんだ。
⑪	五日間、本当にどこからも救助はこなかった。一切の情報もなかった。他の地域のことも噂としてしか入ってこない。ラジオもこの地域のことは何も言わない。（略）そんなときだった。この体育館に、東京のテレビ局の腕章をつけた人がカメラを持って現れたのだった。それが、すべてのはじまりだった。 外部の人がはじめて入ってきた、これでようやく情報がもらえる。そう思って私たちは飛びついた。するとマイクをあてがわれたのは私たちのほうだった。しかし、私たちには、悔しいとか屈辱的だとか、そんな贅沢な気持ちを抱いている暇などなかったのだ。 被災者こそがまず真っ先に情報を得る権利があるんだなどということを偉そうに言ってる暇はこれっぽっちもなかったのだ。
⑫	たぶんもっと本当のことを口にするべきだった。それはたとえばこういうこと。「本当の情報を流してほしいんです。（略）支援物資が送られてきても流れ着くのは有名で大きな団体だけなんです。（略）本当に困っている人のことを見てください」
⑬	近所のおばさんが「仮埋葬になるかもしれないっていうのよ。火葬場がぜんぜん動かないって。めども立たないんだって。だけど自分の子どもを土に埋めて砂をかけろっていうの。私は埋葬なんて絶対にいや。絶対にいやなのよ。だから今何か方法がないか探しているのよ」と言ってるのに、
⑭	ファスナーが半分ひらいたところでそれがもう母だとわかるのである。気配が母なのである。
⑮	溺死して時間が経つと顔がぱんぱんに腫れて親でも見分けがつかなくなると聞いていたが まさにその通りの遺体を見てきた。
⑯	どのコンビニもスーパーもガラスが割られていた。ほとんどのお店にはたくさんの人がいた。子どもから老婆まで詰めこんでいた。みな、商品を、食べられそうなものを探していた。店とはいえ他人の家なのにみんなどんどん入っていく。当たり前みたいに入っていって物を持っていく。それが盗みだ、ということに私は気づかなかった。いや気づいていたのかもしれない。でも悪いことだとは思わなかった。（略）私はそれを、悪いことだとは感じていなかった。（略）それは、単に、生きようとすることが良いことだからだ。盗むことを迷いもしなかったのは、生きることに迷いもしなかったからだ。

って、自らを悲劇の主人公を演じながら、やがて解き放たれ、一歩前に向かっていくというものである。ちなみに、新人賞の「受賞のことば」の中で著者は「小説を書くことは罪深い」、この作品を特にそう意識したとも述べている。

小説の舞台がたまたま被災地であっただけであり、その意味においては、震災の描写を他書から安易に流用する仕方も、小説特有の「自由な」舞台設定と重なる。そして主人公の口を衝いて出る言葉を通して「雄弁」に震災を物語ろうとする。受賞の言葉や私信にも、執筆動機として震災の非当事者としての私的な自己理解の欲求が述べられ、おそらく次の小説の舞台装置があるとすれば、震災ではないだろうことは容易に想像がつく。つまりその程度の位置づけでしかない。

本作品に参照された文献は、そのほとんどが発災1年以内に公刊されたものである（『3・11慟哭の記録』は6年前の2012年刊）。しかし、震災における現実の舞台は、その時、とうに次の課題に直面していた。被災した人びとの沈黙の中にある、表現しえないものとは何かである。震災の「未だ」ただなかにいる私たち（被災者もそれを語る人びとも）にとっては、場所と時間を自由に移動できるようなものではない、苛烈な世界と日々向き合ってきた。これは逃れえない主題である。簡単に離脱できるものではない。政治家の失言や、3・11のメモリアルデーのみ被災者の証言を切り取り、その都度流されては忘れられる憂き目に会い、十数年にわたって見続けてきた。

出版社から出された声明は、

「今回の問題は参考文献の未表示、および本作中の被災地の描写における一部の記述の類似に限定されると考えております。その類似は作品の根幹にかかわるものではなく、著作権法にかかわる盗用や剽窃などには一切あたりません」（講談社ＨＰ 2018.7.3）

というものだった。言い方を変えれば、類似程度は文学的価値に比べれば、些末な問題であるとも聞こえてくる。根幹ではない私たちの〝軽い〟震災記録とは、いったい何かを考えざるをえない。当時多くを発言していた人もまた、問題が収束すれば、震災とは切り離された日常で無関心のまま、安住することになる。

その当時問題になった震災発生から7年余りという歳月とは、どのようであったのだろう。震災〈被災地〉の外では、震災をかようにようやく語り始めたようだが、震災の真っただ中にいる当事者は、ますます語らなくなっていた現実がある。この逆転現象をどのようにみるのか。医療人類学の宮地尚子は、島の中心部が窪地になっている「環状島モデル」を提示している（宮地 2011）。彼女は、トラウマには誰も近づくことはできず、せいぜいなぞることで、環状の中空構造を理解することだと述べる。〈内海〉に語れない人や語らないままのことがたくさんあると認識し、環状島の上に立つことを考えている。

「美しい顔」は7年前のとある出来事のように雄弁に語られるが、7年経った被災者はその多くが口を閉ざして固く沈黙してしまっている。逆に発災当時の記憶で止まったままの多くの読者にとって、本作品が「疑似的」に新鮮に映ったのだろう。だが事実は小説よりも奇なりで、何を抱えているのか、私たちは常に現場で教えてもらうのである。

当事者にインタビューをすれば震災を理解できる、というものでは、すでになくなっている。当事者もどう震災を理解してよいのか、考えあぐねている場面に多々出会う。作家だけが言葉を書く特権を持つのだろうか。否、市井の人びとこそ言葉を書きつづることの文学性を持ち合わせていると、痛感する時が少なくない。私は当事者が自らの意思で書く手紙と、そこから読み取れる深い沈黙の意味を、ライティング・ヒストリーと呼んできた（金菱 2018c; 本書5章）。

当事者が話したり書くべきではないと抑圧してきたことを、5W1Hに沿った記録として、あるいは亡き人または発災直前の自分に宛てた手紙という形で、書き記してもらう。ライティング・ヒストリーは、書こうとする（writing）意思に重点を置いて、語れなかった経験や感情を自分自身の言葉で紡いで理解可能なものへと導く。

小説に話を戻すと、たとえ震災を直接的に語らなくても、そこから震災について十二分に示唆に富んだ想像力を与えてくれる小説は少なくない。つまり、あえて小説の中で震災を「仔細に描写しなくても」震災を語りうると私は考えている。したがって理論上は被災地に入るかどうかも関係はない。

現実には、7年が経過した時点でも行方不明の方がいて、たとえ1％でも生きていることを願って日々帰りを待つ家族がいる。そしていまだ、手を合わせることもできない人がいる。語れない人がいる。現場では当事者性すらが奪われているのである。その生々しさを抱えたまま、薄皮一枚でかろうじてこの世とつながり、未だ傷の癒えない人びとにとって、小説の舞台設定のためにだけ震災が使われた本作品は、倫理的つながり（当事者／非当事者の溝を縮める）を守るどころか、逆に否応なく震災への〝倫理的想像力〟を大きく蹂躙したのだと私は述べておきたい。その意味において「罪深い」のである。

「荒地の家族」　共感しえない傷

震災発生から10年以上たって振り返った時に「２０１１年3月11日東日本大震災、死者・行方不明者2万人余り」と、30文字にも満たない形で集約されようとしている。

「美しい顔」から4年後の２０２２年に芥川賞を受賞した、佐藤厚志の作品「荒地の家族」がある。佐藤は、震災で津波の被害を受けた地に住み続ける主人公に仮託させることで、たった一人負った傷は、個々のもので、他の被災者とも共有しえないとして物語を立ち上げ、東日本大震災のその後の傷の深さを沈潜させている。

一読すると、物語の設定は、当地でなくても成り立つ。事実、「荒地の家族」の舞台は亘理の海辺だが、前作の「境界の円居」は気仙沼に設定される。「荒地の家族」の主人公、坂井祐治は妻を震災で亡くしたとはあえてせず、数年後に病死したという形にしている。震災をなかば相対化し、自分の傷は誰とも分かちえないんだという主人公の頑なな意思を投影させている。いわば「震災のモノグラフ化（単純化）に対する反逆」と言っても言いすぎではない。

「共感しえない傷」というものを、言葉にしにくい植木職人の中年男性に設定することで、逆に震災のリアリティを感じる場面がある。たとえば、実際に津波の後、ある仮設住宅では、自治会が「お茶っこ飲み会」を開催したが、中年男性は参加しなかった。けれども彼らはある種プライドが高く、自室で夜通し酒を飲み、アルコール依存症などを招くリスクがある。ある自治会では、自治会内で居酒屋を開き、飲むのは仕方がないが際限なく一人寂しく飲むのは限度を越えると、むしろ楽しく飲める場を設定し、彼らの飲酒をコントロールした（金菱 2014a）。

つまり、主人公の受けた心の傷は単純には語りえないし、言葉にして他人とつながるようなことはできないことを象徴している。小説は声にならない声を代弁し、主人公の痛みは分かちえないものであるとする。語り場で言葉を発して共感に至ることの困難さと欺瞞を、ぶつぶつと語る、あるいは沈黙して語らないことで、表現している。

他者に還元しえない、家族と離別した孤独や傷というものを、風景論として読み込むならば、「地図で示せばほんの一点に過ぎない土地、忘れられた、誰も気に留めない場所」（佐藤 2023: 28）がある。目に見えて、上から眼差されるような所ではなく、住むような土地でもなく、誰も生産活動をしていない土地に、突如として巨大な壁を作ってしまうことが、何を意味するのか。

「遺跡じみたコンクリートの基礎は誰の目にもつかずに草に隠れるが、冬になれば草は枯れ、赤茶けた土の上に剝き出しになる。春になれば草が芽吹く。土の上を季節だけが淡々と巡った。用途のないこの場所に植物の興亡だけがあった」（同上：108）という風景を描き出すことで、自分の苦しさや傷を誰も気に留めなくなっていく様をまさしく重ね合わせている。この比喩は、震災直後の過剰な熱量の語りから取り残された、荒涼とした砂漠の心のあり様を無機質な巨大な防潮堤という壁の風景に託すことで、震災という大文字の出来事の陰で、ひっそりと息づく主人公の胸の内を表現していく。

当事者とは誰か

一見すると、北条と佐藤の作品は、場所を自由に設定できるという点では共通している。その明確な違いは何か。災害心理学を専門とし、岩手県野田村に長期間入り聞き取りを重ねている宮前良平は、「美しい顔」問題の本質について、利用された元の手記には「語りにならない出来事の襞」が外部にあったはずだが、その書かれていない余剰的質感がすっぽり切り取られていると指摘している（宮前 2020: 210）。

そして宮前は、（美しい顔が）被災者の言葉を奪ったと言うのは、金菱（私）ではなく、東日本大震災の当事者であるべきで、当事者の心理を代弁していることに自覚的であるように私を批判している。あえてこのことにささやかな反論をすれば、当事者や被災者にこの問題を持ち込み、煩わせたくなかったという思いが強い。仮の代弁者という立場である。場外乱闘を場内に持ち込む力が、とりわけメディアの中に少なからずあった。SNSの投稿のなかにはゴーストライター説まであり、こうして剽窃疑惑として炎上すること自体、出版の好機ととらえるふしもなきにしもあらずであった。出版社は本が売れる間、作家を消費して、売れなくなったら捨てるのではないか、「私を買ってほしい」「喜んで買いましょう」を地で行くなら、恐ろしいブラックジョークである。仮にもそのような騒動に被災者自身を巻き込むのは、私にはできなかった。

つまり、この問題は生活再建や心のケアを最優先させる現場において、取るに足らない「瑣末な」事象である。私が仮の代弁者として防波堤になれば、問題のあるたびに被災地で「現地の声」を求め、言質をとる「被災者」像の演出から距離を取ることができると考えたからである。

さらに、被災者が当事者で、研究者が非当事者であるという二分法も、おそらく現実を反映していない。たとえば、阪神淡路大震災の当日、たまたま地元を離れて地震を直接体験しなかった方が、烈しい揺れを体験した周囲の人たちと自分との違いに気づき、「疎外感」を抱えて、20年以上苦しんできた。だが、復興支援の活動に携わり、地元の外部と内部両方の実情がわかったことで、当事者性を獲得することができた例もある(金菱ゼミナール編 2023)。

また、東日本大震災では、自分は被災者ではないのかともがき苦しんだ女性がいた。両親は津波で亡くなり実家は浸水し、明らかに被災者であるが、女性の居住地が実家から離れていたため、支援物資の配布や芸能人・ボランティアの来訪などの被災地の情報が届くことはなく、いわば当事者性を剥奪されていた。そのような孤立のなかで、スピーチコンテストに参加したことがきっかけで、私たちの手記や手紙のプロジェクトにも参画しながら、当事者性を獲得していった（金菱 2016b; 本書9章）。このように、当事者性は流動的である。

当事者／非当事者の溝を埋めるような倫理上のつながりとは何か。模索する方法は常に開かれていることが求められる。震災の不条理の世界は、当事者すらも正体をつかめないものであるがゆえに、代弁などできない。けれども、それをなかったことにして進めるほど生やさしいものではなく、頑なに粘り強くそこを掘り込んで、不条理の端緒を少しは掴めるのだろう。

あとがき

コロナ禍に、3・11の津波で母と息子さんを亡くした親しかった女性が突然亡くなった。まだ家族は行方不明であった。『悲愛』にも息子さんへの手紙を寄せてくれて、お通夜の席でこの手紙が披露された。それはあたかもその場で書かれたかのような内容だった。ジブリの可愛らしい便箋には手書きで

「天国の様子がわからないから、元気でやってるのか気になります。……ガッカの大好きな人達に囲まれて可愛がってもらえてるかな？　なんて考えて、なぐさめを得ています。ジッチとガッカがそちらに行く時は、よろしくネ。いっぱい楽しい事して遊ぼう。大好きだったおはじきやビー玉や缶バッジやペットボトルのふたや油性マジックをおみやげに持って行くよ。それまで待っていてネ。

ガッカより」

と締めくくられていた。ずっと海岸べりを歩き、息子が好きだった色ガラスのかけらを拾って息子さんを探し続けていた。それを知った参列者は手紙を読んで、ようやく息子さんのもとに行けたのだと安堵した。

彼女ともうひとり両親を亡くした女性も眠りにつけず、私も深夜族だったので、3人でチャット状態でメッセージを交わしていた。3人とも人見知りだったが、メッセージで交わす内容はそのほとんどが震災の話ではなく、よもやま話や猥談であった。ラジオ番組に3人で出るのが夢だったが、そのほとんどが放送禁止用語でピー音が入るか無言で、番組にならないのではないかと笑いあった。しかしたまに震災の核心となる話があり、その胸の内をそっと聴ける場面が何度かあった。

それは毎年3・11の日の違和感であって、次のような会話は、たとえば新聞の一面で使われるような写真が示す内容ではなかった。

Aさん（女性）友達から、「明日はご両親の命日ですね」ってメールが来て、むっちゃ腹立った。「違います」って言ってやった。

Bさん（女性）わかる気がする。えっ、て思って。おらいの人達はまだ見つかってないわけだから。心のどこかで生きてるかなって、0・何%くらいまだ思っている時とかあるから。それを人に先に言われたり、死んで何年目って言われると頭にくる。

ここには心の内なる祈りがある。つまり、いまだ手を合わせることすら憚られる現実である。発災からほとんど余白として残らない会話であるが、そこに重要な問題が見え隠れすることを、私は彼女たちから学ばせてもらったのである。

震災発生から10年ほど経つと、被災者の声は、過去の震災の発言としてとらえられがちである。しかもそれは、声としてあげられて文字になった、あるいは、発話として録音された内容である。しかし、時間が経過すると、本人ですら声を発しにくくなる状況が重なり、一般には問題がなくなったかのように映る。

東日本大震災の当時小学生だった大学生が、〝妙に〟出来上がって、行儀よく、気配りのできる子であった。それが、私の眼にはませて（大人びて）いるように映った。被災経験を語る彼の語り部活動を現地で聞いた帰りの道中で、彼にそのことをぶつけてみた。「ひょっとして反抗期がなかったんじゃない？」という問いかけに対して、彼はそうだと即答した。詳しく聞いていくと、反抗しないように、彼自身が過剰なまでに配慮していることに気づかされた。感情管理が実に行き届いていたのである。

外では活発に語り部活動に打ち込んで、震災の教訓などを流暢に話しているにもかかわらず、家庭では震災の「し」の字さえ口に出さない。妹が幼く記憶もない頃に震災に遭ったが、発生から10年経っても、震災報道や緊急地震速報を聴くと、恐怖でパニックになるという。それを避けるために、家庭では厳重に情報統制がなされていた。ましてや反抗期の感情を爆発させようものなら、それがどのように妹に影響するかを容易に理解できるために、未然に防ぐ細心の配慮があった。そしてそれを当たり前に受け止めて成長してきた。このことは彼の家庭だけではなく、ある程度集団や地域にもあてはまることが、わかってきた。震災前、県内で荒れた学校と評されていた学校が、震災後に静まったのである。一般社会からみれば、荒れなくなったので、問題が解決したことになる。

しかし、問題が上がってこないことに、震災の罪深さがある。子どもが育った環境でそれが当たり前になると、社会はそういうものだという認識が共有化されてしまうのかもしれない。荒れない学校や使われない保健室が常態化することは、一見〝良い〟ことだと社会には映ってしまう。

学校でのつらい出来事や自身の被災体験を家族が知ることで、家庭という場に自分の居場所がなくなることを、彼は最も恐れたという。そのため、被災した体験を家族と共有することはなく、自身の心の中に押しとどめ続ける〝避難行動〟を行った。いつしかこの非日常の行動は日常となり、震災発生から時間が経つにつれて、徐々に意識することもなくなっていったのである。つまり社会に表面化せずに個人の内面で処理されていることに、問題があるのである。

問題行動を「問題」としてとらえるのは比較的容易だが、問題のない行動を問題として把握するのは、潜在意識にあるためにそれをすくい取ることがいかに難しいかが、この言質からうかがえる。演じたり、仮面を被ることがいつしか実相となり、血肉となる現実を、私たちはどのように被災地から括れるのか。見えにくい、あるいは見ようとしない問題として「問い」に転換できるのか。これが重要である。当事者の声に耳を傾けるのが〝寄り添い〟であるとするならば、当事者も意識すらしていないところに「問題がある」と注視するのが、より深い〝寄り添い〟だといえる。

この10数年、震災の研究に携わってこられたのは、緊張の糸がピンと張りつめてそれが緩まなかったからである。東日本大震災で5分以上止まらぬ烈震（震度7）に晒されていると、まるで生きた心地がせず、それればかりか、震災後、硬い理論系の本を読み進めようとしても全く内容が頭に入らなかった。本書であげた清水幾太郎には、「地震には、何か（他の災害と）質の違うものがあって、大地が深い底から揺れ始めると、人間の存在も深い底から揺れ始めるように思われます」と述べた件りがある。火災や台風、洪水ではそれを避けて安定した大地の上に立つことができるが、最後に味方となるべきよすがである大地が揺れることは、人間の存在を根源から揺さぶるのにほかならないからであろう。

簡単に吹っ飛んでしまうような、うわべだけの理論や研究はいらない。つまり震災とは、「踏み絵」なのである。人間存在の最も深い奥底が揺るがされた時に、それでもなお自身が問い続けることができる何かであるならば、それを本当の研究と呼ぼう、そうでなければ、それは結構なご趣味であるに違いない、のである。

詳細はプライバシーの関係から省くが、２０１６年に被災地のタクシーと幽霊の新聞記事が載った後、私のもとに一通のメールが届いた。阪神・淡路大震災を中学生の時に経験された方で、いまだに悪夢とたたかっているという。さらに、「経験者や現状をわかってもらえる人も周囲にいないなかで精神科へ通って治療を受けているが、本質はやはり理解してもらえない。地元の友達とも話は避ける傾向にある。失礼な表現になりますが、心理学的な部分は期待せず、話を聞いてもらい、20年以上経ってもこれだけしんどい思いをしている人間が多数いることをしってほしい。しんどいけれども「研究材料」の一つでも構いません」と、切実に訴える内容であった。

震災を問う方も問われる方も、揺さぶられるからこそ、強い倫理的なつながりに立って、その不条理と罪深さを深いところで共有できるのではないか。それが私たちの研究の継続性を底から支えてくれたのだと思う。

本書は当初、いろいろな方とのお付き合いから、どちらかといえば社会学外の人に向けて書いた。しかし、それを私の専門分野である社会学に戻して、学問としての「到達点」に導いてくれたのが、編集者の小田亜佐子さんである。いわば本書は、彼女を含め多くの方々の想いや協力があっての共同執筆だと私は思っている。彼ら彼女ら、そして生ける死者たちは、常に同志としてたたかってくれた。本書を世に送ることができることは感謝でしかない。

付記　本書は、令和元年度文部科学省科学研究費補助金基盤研究C（代表者：金菱清）「〈いま・ここ〉に死者が共存する災害社会学研究：大災害の幽霊・夢を題材にして」（19K02083）による研究成果の一部である。

参考文献

有末賢 2013「語りにくいこと——自死遺族たちの声」『日本オーラル・ヒストリー研究』9: 36-46.
ポーリン・ボス 2005『「さよなら」のない別れ　別れのない「さよなら」——あいまいな喪失』（南山浩二訳）学文社
千田洋幸 2018『危機と表象——ポップカルチャーが災厄に遭遇するとき』おうふう
藤田直哉編 2019『ららほら——被災地の「言葉」をつなぐ文芸誌1』響文社
北条裕子 2018「美しい顔」『群像』6月号
岩船昌起・田村俊和 2018a「後世・他地域に「被災体験」を伝えるために——巻頭言にかえて」『地理』755: 8-14.
岩船昌起・田村俊和 2018b「『山田町震災記録誌』制作を通した自然災害認識への地理学的アウトリーチ——避難行動をパーソナル・スケールの時空間情報として再現する」『E-journal GEO』Vol. 13(1): 184-2018 https://www.jstage.jst.go.jp/article/ejgeo/13/1/13_184/_pdf/-char/ja
池上良正 2003『死者の救済史——供養と憑依の宗教学』角川選書
池上良正 2014「宗教学の研究課題としての「施餓鬼」」『文化』第32号：69-94.

今井信雄 2001「死と近代と記念行為――阪神・淡路大震災の「モニュメント」にみるリアリティ」『社会学評論』51 (4): 412-429.
今泉隆裕 2009「幽霊能の一考察――「苦しむ死者」観の採用についての覚書」『日本文学誌要』79: 90-101.
石戸諭 2017「死者と対話する人たち」『リスクと生きる　死者と生きる』亜紀書房: 105-172.
岩松大貴 2018「手紙の不確実性がもたらす「生」の世界――亡き人とのつながりを感じるために」『3・11霊性に抱かれて』: 47-65.
岩田慶治 1993『コスモスの思想――自然・アニミズム・密教空間』岩波書店
岩手県山田町／山田町東日本大震災を記録する会編 2015『3・11百九人の手記――岩手県山田町東日本大震災の記録』
岩手県山田町編 2017『3・11残し、語り、伝える――岩手県山田町東日本大震災の記録』
河北新報社編集局編 2016『挽歌の宛先』公人の友社
河北新報社編集局・金菱清 2022『逢える日まで――3・11遺族・行方不明者家族10年の思い』新曜社
亀山純生 2012『〈災害社会〉・東国農民と親鸞浄土教――夢から解読する〝歴史に埋め込まれた親鸞〟と思想史的意義』農林統計出版
金菱清編 2012『3・11慟哭の記録――71人が体感した大津波・原発・巨大地震』新曜社
金菱清 2014a「彷徨える魂のゆくえをめぐって――災害死を再定位する〝過剰な〟コミュニティ」『震災メメントモリ――第二の津波に抗して』新曜社: 1-34.
金菱清 2014b「震災メメントモリ――痛みを温存する「記録筆記法」と死者をむすぶ回路」『震災メメ

ントモリ――第二の津波に抗して』新曜社：161-183.
金菱清 2016a『震災学入門――死生観からの社会構想』ちくま新書
金菱清 2016b「共感の反作用――被災者の社会的孤立と平等の死」『呼び覚まされる霊性の震災学』：85-100.
金菱清（ゼミナール）編 2016『呼び覚まされる霊性の震災学――3・11生と死のはざまで』新曜社
金菱清編 2017『悲愛――あの日のあなたへ手紙をつづる』新曜社
金菱清 2018「ライティング・ヒストリーの展開――オーラル・ヒストリーの敗北宣言」『フォーラム現代社会学』17: 137-148.
金菱清（ゼミナール）編 2018a『私の夢まで、会いに来てくれた――3・11亡き人とのそれから』朝日新聞出版（朝日文庫 2021）
金菱清（ゼミナール）編 2018b『3・11霊性に抱かれて――魂といのちの生かされ方』新曜社
金菱清 2020『災害社会学』放送大学教育振興会
金菱清（ゼミナール）編 2020『震災と行方不明――曖昧な喪失と受容の物語』新曜社
金菱清編 2021『永訣――あの日のわたしへ手紙をつづる』新曜社
金菱清（ゼミナール）編 2023『五感でとらえなおす阪神・淡路大震災の記憶』関西学院大学出版会
柄谷行人 2014「「想像ラジオ」と「遊動論」（いとうせいこうとの対談）」『文学界』1月号
川島秀一 2012『津波のまちに生きて』冨山房インターナショナル
木村朗子 2018『その後の震災後文学論』青土社
岸政彦・石岡丈昇・丸山里美 2016『質的社会調査の方法――他者の合理性の理解社会学』有斐閣スト

ゥディア
喜山荘一 2015『珊瑚礁の思考』藤原書店
喜山荘一 2016「「祟り―祀り」、「穢れ―祓い」以前」『与論島クオリア』(http://manyu.cocolog-nifty.com/yunnu/2016/07/post-7082.html 2016.9.25 アクセス)
子安宣邦 2005『本居宣長とは誰か』平凡社新書
工藤優花 2016「死者たちが通う街――タクシードライバーの幽霊現象」『呼び覚まされる霊性の震災学』:1-23.
倉石一郎 2008「地方教育史研究におけるインタビューの可能性――紙の世界の向こうを張ろうとする〈声〉をきく」『フォーラム現代社会学』7: 72-83.
ラルフ・リントン 1972『文化人類学入門』(清水幾太郎・犬養康彦訳) 創元社 (Linton, Ralph, *The Cultural Background of Personality*, 1945)
牧野大輔 2021「まえがき」『永訣』: v-ix
南直哉 2012『恐山――死者のいる場所』新潮新書
三崎亜記 2005「送りの夏」『バスジャック』集英社: 139-228.
宮地尚子 2011『震災トラウマと復興ストレス』岩波ブックレット
宮原浩二郎 2000「思いやりのある手紙」大村英昭編『臨床社会学を学ぶ人のために』世界思想社: 3-24.
宮前良平 2020『復興のための記憶論――野田村被災写真返却お茶会のエスノグラフィー』大阪大学出版会
森川すいめい 2011「被災地で「どうして生きなきゃならないのか」と問われた時」斎藤環編『imago』

（現代思想臨時増刊号）青土社：67-73.
小田島武道 2016「672ご遺体の掘り起こし――葬儀業者の感情管理と関係性」『呼び覚まされる霊性の震災学』：101-126.
劉文英 1997「盲人は夢を見るか」『中国の夢判断』（湯浅邦弘訳）東方書店
西郷信綱 1993『古代人と夢』平凡社ライブラリー
斎藤源 2016「埋め墓／詣り墓を架橋する――「両墓制」が導く墓守りたちの追慕」『呼び覚まされる霊性の震災学』：69-84.
佐々木宏幹 2012「東日本大震災は何を変容させたのか」『生活仏教の民俗誌――誰が死者を鎮め、生者を安心させるのか』春秋社：204-247.
佐藤厚志 2023『荒地の家族』新潮社
佐藤弘夫 2015『死者の花嫁――葬送と追想の列島史』幻戯書房
佐藤珠莉 2020「真っ白な花のように」『石巻学』Vol.5　こぶし書房
清水幾太郎 1993「日本人の自然観」『清水幾太郎著作集』11巻　講談社：178-232.
菅原優 2016「生ける死者の記憶を抱く――追憶／教訓を侵犯する慰霊碑」『呼び覚まされる霊性の震災学』：25-48.
谷島貫太 2017「〈全面的な忘却〉をめぐる哲学的覚え書き――フッサールとデリダから出発して」谷島貫太・松本健太郎編『記録と記憶のメディア論』ナカニシヤ出版：3-17.
ヴィクター・W・ターナー 1976『儀礼の過程』（富倉光雄訳）思索社（ちくま学芸文庫 2020）
内田樹 2004『死と身体――コミュニケーションの磁場』医学書院

若松英輔 2012a『魂にふれる――大震災と生きている死者』トランスビュー
若松英輔 2012b『死者との対話』トランスビュー
若松英輔 2015『霊性の哲学』角川選書
渡辺恒夫 2010『人はなぜ夢を見るのか――夢科学四千の問いと答え』化学同人
ジェニファー・ワイゼンフェルド 2014『関東大震災の想像力――災害と復興の視覚文化論』（篠儀直子訳）青土社
薬師寺浩之 2013「2004年津波被災後のタイ南部・アンダマン海沿岸ビーチリゾートにおける幽霊をめぐる混乱と観光復興」『立命館大学人文科学研究所紀要』102: 93-128.
山田富秋・落合恵美子 2008「はじめに――シンポジウム「オーラル・ヒストリーと歴史」へのまえがきとして」『フォーラム現代社会学』7: 45-48.
山田康弘 2018『縄文人の死生観』角川ソフィア文庫
山中茂樹 2015「復興の定義と指標」公益財団法人ひょうご震災記念21世紀研究機構編『「国難」となる巨大災害に備える――東日本大震災から得た教訓と知見』ぎょうせい: 366-369.
安田登 2011『異界を旅する能――ワキという存在』ちくま文庫

資料

共同通信配信（京都新聞 2012.8.24 ほか）「土地の記憶・人の記録　大震災から1年半」（多比良孝司記者）
朝日新聞 2016.1.20「被災地タクシー幽霊を乗せて　死者への思い大学生が卒論に」（石橋英昭記者）

BuzzFeed News 2017.3.10「あの日逝った大切なペット、ひとへ「今どこにいますか?」 揺れる思いを綴る」(金菱清、若松英輔インタビュー。石戸諭記者)
https://www.buzzfeed.com/jp/satoruishido/3-11-tegami?utm_term=.bvGvjQA9Dq#.hlj8VjQP3w
講談社声明　https://www.kodansha.co.jp/upload/pr.kodansha.co.jp/files/pdf/2018/180703_gunzo.pdf
新潮社声明　https://www.shinchosha.co.jp/news/article/1317/
yahoo! Japan ニュース 2018.7.7「芥川賞候補「美しい顔」は「彼らの言葉を奪った」 被災者手記・編者の思い」(金菱清インタビュー。石戸諭記者)
https://news.yahoo.co.jp/expert/articles/9643c5ad1a4a28b3a1bdcd25b3f43adb4d9927le
北海道新聞 2018.7.15「芥川賞、類似表現どう判断 候補作「美しい顔」18日選考会 震災関連本を参考、作家認める」(上田貴子記者)
読売新聞 2018.7.20「「美しい顔」芥川賞選考 参考文献「昇華」が必要」(待田晋哉記者)
河北新報 2021.3.2～3.16「東日本大震災10年特集 遺族、不明者家族の思い」(高橋鉄男記者ほか)

初出一覧

第1章・2章

可笑しくもないのに笑うとき―大震災の不条理の際で（岸政彦編『生活史論集』ナカニシヤ出版2022）に、その後のインタビューを加えて修正

第3章

あとがき（河北新報社編集局・金菱清『逢える日まで――3・11遺族・行方不明者家族10年の思い』新曜社2022）を加筆修正

第5章

想像の死者に向けた手紙――ライティング・ヒストリーの可能性（浜日出夫編『サバイバーの社会学――喪のある景色を読み解く』ミネルヴァ書房2021）を加筆修正

第6章

〈助力―感謝／負い目―償い〉論――被災地の幽霊現象が切り拓く宗教的古層（『現代宗教』国際宗教研究所2017）を加筆修正

第7章
孤立〝夢〟援——なぜ震災後、夢で亡き人と邂逅するのか（金菱清（ゼミナール）編『私の夢まで、会いに来てくれた——3・11亡き人とのそれから』朝日新聞出版2018）を加筆修正

第9章
最後に握りしめた一枚を破るとき——疑似喪失体験プログラムとアクティブ・エスノグラフィ（金菱清（ゼミナール）編『3・11霊性に抱かれて——魂といのちの生かされ方』新曜社2018）を一部略して修正

第10章
「美しい顔」に寄せて——罪深いということについて（新曜社HP、2018年7月17日公開）を加筆修正

著者は、2020〜27年度の放送大学講義「災害社会学」を担当しており、『災害社会学』（放送大学教育振興会発行、NHK出版発売、初版2020年）を教材として、本書と同じ内容を含む講義を行った。さらに深めたい読者には、同講義の放送および同教材を参照されたい。

著者紹介

金菱　清（かねびし・きよし）

1975年　大阪生まれ

関西学院大学大学院社会学研究科博士後期課程単位取得退学　社会学博士

現在　関西学院大学社会学部教授・放送大学客員教授

（2020年3月まで東北学院大学教養学部地域構想学科教授）

専攻　環境社会学・災害社会学

主著　『生きられた法の社会学――伊丹空港「不法占拠」はなぜ補償されたのか』新曜社 2008（第8回日本社会学会奨励賞著書の部）;『3.11 慟哭の記録――71人が体感した大津波・原発・巨大地震』（編著）新曜社 2012（第9回出版梓会新聞社学芸文化賞）;『千年災禍の海辺学――なぜそれでも人は海で暮らすのか』（編著）生活書院 2013;『新体感する社会学―― Oh! My Sociology』新曜社 2014;『震災メメントモリ――第二の津波に抗して』新曜社 2014;『呼び覚まされる霊性の震災学――3.11 生と死のはざまで』（編著）新曜社 2016;『震災学入門――死生観からの社会構想』ちくま新書 2016;『悲愛――あの日のあなたへ手紙をつづる』（編著）新曜社 2017;『私の夢まで、会いに来てくれた――3・11 亡き人とのそれから』（編著）朝日新聞出版 2018;『3.11 霊性に抱かれて――魂といのちの生かされ方』（編著）新曜社 2018; 令和元年度社会調査協会賞（優秀研究活動賞）受賞;『災害社会学』放送大学教育振興会 2020;『震災と行方不明――曖昧な喪失と受容の物語』（編著）新曜社 2020;『永訣――あの日のわたしへ手紙をつづる』（編著）新曜社 2021;『逢える日まで――3.11 遺族・行方不明者家族 10 年の思い』（河北新報社編集局と共著）新曜社 2022;『災害の記憶を解きほぐす――阪神・淡路大震災 28 年の問い』（編著）新曜社 2023;『五感でとらえなおす阪神・淡路大震災の記憶』（編著）関西学院大学出版会 2023

新曜社

生ける死者の震災霊性論

災害の不条理のただなかで

初版第1刷発行　2024年3月11日

著　者　金菱　清

発行者　塩浦　暲

発行所　株式会社　新曜社

101-0051　東京都千代田区神田神保町 3-9

電話 03（3264）4973（代）・FAX03（3239）2958

Email: info@shin-yo-sha.co.jp

URL: https://www.shin-yo-sha.co.jp

印刷製本　中央精版印刷

ISBN978-4-7885-1842-1 C1036